A
HORA
É
AGORA

Dados Internacionais de Catalogação na Publicação (CIP)
(Câmara Brasileira do Livro, SP, Brasil)

Chittister, Joan
    A hora é agora : por uma espiritualidade corajosa / Joan Chittister ; tradução de Maria Elizabeth Hallak Neilson. – Petrópolis, RJ : Vozes, 2020.

Título original: The time is now : a call to uncommon courage
Bibliografia.
ISBN 978-65-571-3055-1

1. Espiritualidade 2. Espiritualidade – Cristianismo 3. Inspiração 4. Vida cristã I. Título.

20-41677 CDD-248

Índices para catálogo sistemático:
1. Espiritualidade : Cristianismo 248

Cibele Maria Dias – Bibliotecária – CRB-8/9427

A HORA É AGORA

Por uma Espiritualidade Corajosa

JOAN CHITTISTER

Tradução de Maria Elizabeth Hallak Neilson

EDITORA VOZES

Petrópolis

© 2019, Joan D. Chittister
Publicado nos Estados Unidos em 2019 por Convergent Books, um selo do Grupo Crown Publishing, uma divisão de Penguin Random House LLC, Nova York.

Título original em inglês: *The Time is Now – a Call to Uncommon Courage*

Direitos de publicação em língua portuguesa – Brasil:
2020, Editora Vozes Ltda.
Rua Frei Luís, 100
25689-900 Petrópolis, RJ
www.vozes.com.br
Brasil

Todos os direitos reservados. Nenhuma parte desta obra poderá ser reproduzida ou transmitida por qualquer forma e/ou quaisquer meios (eletrônico ou mecânico, incluindo fotocópia e gravação) ou arquivada em qualquer sistema ou banco de dados sem permissão escrita da editora.

CONSELHO EDITORIAL

Diretor
Gilberto Gonçalves Garcia

Editores
Aline dos Santos Carneiro
Edrian Josué Pasini
Marilac Loraine Oleniki
Welder Lancieri Marchini

Conselheiros
Francisco Morás
Ludovico Garmus
Teobaldo Heidemann
Volney J. Berkenbrock

Secretário executivo
João Batista Kreuch

Editoração: Leonardo A.R.T. dos Santos
Diagramação: Sheilandre Desenv. Gráfico
Revisão gráfica: Alessandra Karl
Capa: Sarah Horgan
Adaptação de capa para edição brasileira: Érico Lebedenco

ISBN 978-65-571-3055-1 (Brasil)
ISBN 978-1-9848-2341-0 (Estados Unidos)

Editado conforme o novo acordo ortográfico.

Este livro foi composto e impresso pela Editora Vozes Ltda.

Em todos os meus anos viajando pelo mundo, uma coisa esteve presente em todas as regiões, em todos os lugares. Uma coisa se destacou e me convenceu do triunfo certo da grande aposta humana na igualdade e na justiça.

Em toda parte, há pessoas que, apesar de se encontrarem atoladas em períodos de escuridão nacional ou marginalização pessoal, se recusam a desistir da ideia de um futuro melhor ou a ceder às tentações de um deteriorado presente. Essas pessoas nunca perdem a esperança de que os valores que aprenderam no melhor dos tempos ou a coragem necessária para recuperar seu mundo do pior dos tempos compensem a entrega de suas vidas. Essas pessoas, o nosso melhor, são legiões e estão por toda parte.

É a fé inabalável, os corações abertos e a coragem penetrante de pessoas de todos os níveis de todas as sociedades que nos conduzem, através de cada grande colapso social, mais uma vez à emergência da humanização da humanidade.

Em todas as regiões, em toda parte, essas pessoas são as vozes não celebradas, mas poderosas, da comunidade, da altivez e da resolução profunda. São os profetas de cada época que incitam o resto do mundo a ver de novo o que significa estar plenamente vivo, pessoal, nacional e espiritualmente.

*É a essas pessoas comuns,
mas corajosas,
que sempre buscam a verdade,
que defendem os fracos,
que constroem a paz e
sempre, sempre, sempre, se levantam
para protestar contra a injustiça – é a você – que
dedico este livro.*

POR QUE LER ESTE LIVRO?

Com o mundo ao nosso redor se esfacelando e a crescente polarização e desordem política, este livro se propõe a responder às perguntas mais sérias de todas:

Como realmente poderemos sair do atoleiro em que nos metemos?

Resposta:
Enfrentando-o.

Réplica:
Como?

Resposta:
Com sinceridade.

Réplica:
Mas o que isso vai exigir de mim?

Resposta:
Um modelo, uma visão, um compromisso, coragem e...

E...?

O que mais é necessário para consertar este mundo confuso?

Resposta:
Você.

SUMÁRIO

Prólogo – Uma escolha, 11
Uma palavra sobre os profetas, 17
1 Risco, 25
2 Paradoxo, 35
3 Consciência, 41
4 *Insight*, 46
5 Audácia, 54
6 Autenticidade, 60
7 Apoio e inteireza, 67
8 Autoentrega, 74
9 Paciência, 80
10 Fracasso, 88
11 Voz, 94
12 Sabedoria, 100
13 Proclamação, 106
14 Visão, 112
15 Fé, 118
16 Confiança, 124
17 Tradição, 130
18 Profetas de ontem e de hoje, 137
Agradecimentos, 143
Sobre a autora, 147

PRÓLOGO
Uma escolha

Nós temos uma escolha.

Você e eu nos encontramos suspensos num espaço entre dois mundos. O primeiro é aquele a respeito de que nos falaram – e nunca o duvidamos – que iria durar. A Estátua da Liberdade erguia-se na baía do Porto de Nova York, dando boas-vindas aos estrangeiros em nossas costas. A constituição embasava-se em três pilares de governo, cada qual servindo como uma espécie de trava e contrapeso sobre os outros dois, os três dedicados a atender às carências de toda nação. Assim era outrora.

Atualmente a estátua permanece onde sempre esteve, mas as boas-vindas são uma ilusão, muitas vezes mensuradas pela cor da pele e pela etnia. Sim, a constituição continua em vigor, porém, hoje, a sua interpretação deriva mais de preconceitos sectários do que de preocupações nacionais universais.

O segundo mundo em que estamos mergulhados, este em que vivemos agora, desafia tudo o que nos ensinaram a esperar. Imigrantes em circunstâncias precárias são barrados nas fronteiras dos Estados Unidos. Os membros do Congresso mal falam com os colegas do outro lado do corredor e muito menos se sentem impelidos a se sensibilizarem com as suas necessidades. Alianças internacionais de longa data estão se fragmentando. A proliferação de armas nucleares voltou a mostrar suas garras depois de anos de negociação – mesmo em países há muito considerados pequenos e remotos demais para que os julgássemos uma ameaça a quem quer que fosse. Os Estados Unidos são o primeiro país a violar, unilateralmente, um tratado internacional. Ao nos retirarmos do tratado com o Irã – que restringia as suas ambições nucleares – comprometemos as negociações internacionais. Um futuro nacional seguro e estável para uma comunidade global não pode mais ser visto como garantido.

Nós temos uma escolha.

E mais até. Em toda parte, as fronteiras nacionais estão se rompendo enquanto populações inteiras, expulsas de suas casas, procuram um lar em outros países. Todavia, simultaneamente, posições políticas de extrema direita e de extrema esquerda têm dividido os povos em todos os cantos, ameaçando a paz local e universal.

Em algum ponto, entre o isolamento dos Estados Unidos antes da sua entrada na Segunda Guerra Mundial e um mundo pós--guerra, que depositou suas esperanças no poder das instituições globais, a vida ficou de ponta-cabeça. Nós nos tornamos cidadãos do mundo, apesar de querermos permanecer agarrados a uma cidadezinha denominada Estados Unidos. O planeta é agora o nosso bairro, um lugar poliglota, povoado pelos mais diversos tipos de indivíduos que demandam e desejam as mesmas coisas.

Descobrimo-nos, agora, cercados de pessoas oriundas de outras culturas e lugares e que, em virtude de sua bagagem cultural, etnia e crenças religiosas, enxergam a vida sob um prisma divergente. Essa gente foi educada para valorizar ideais que não são os nossos. Fala outro idioma. Representa Deus com um rosto diferente em sua iconografia. Entretanto, tal como nós, busca a vida em toda a sua plenitude. Essencialmente, não somos nada além de um aglomerado de seres humanos. Todos nós aspiramos, em nossas sociedades, a uma ordem em que possamos confiar. Almejamos um futuro promissor para as próximas gerações. Queremos achar uma maneira de levar uma vida estável e decente, que nos proporcione o básico para a nossa subsistência e nos permita desfrutá-lo. Queremos a oportunidade de nos transmutarmos na melhor versão de nós mesmos. E talvez, acima de tudo, queremos um governo que exista para o bem de seus cidadãos, que proteja o seu povo ao invés de oprimi-lo, que seja um parceiro igualitário na comunidade das nações.

Até há pouco, destino significava o direito de se obter mais do passado. Hoje já não é assim. Pelo contrário. A composição cultural e geracional diversificada em nosso país não anseia pelos Estados Unidos de antigamente, porque nunca o conheceu.

Podemos dar a impressão de estarmos todos indo no mesmo rumo, contudo, ao chegarmos às encruzilhadas de um mundo em profunda mutação, o cortejo humano se divide: alguns enfatizam a necessidade de preservar os valores e estruturas que nos conduziram até o presente. Outros alertam que ficarmos parados, enquanto o mundo continua avançando, será a nossa queda. Então vagamos num universo de expectativas que não podemos enxergar e tampouco abraçar.

Notícia de última hora: o mundo é um campo minado de diferenças.

Não há dúvida quanto a isso. A direção que escolhermos, nesta nova encruzilhada do tempo, não só afetará o futuro dos Estados Unidos, como irá determinar a história do mundo. O futuro depende de virmos a tomar decisões sérias sobre o nosso papel, pessoal, na formação de um futuro que atenda à vontade de Deus para o mundo, ou então meramente escolher sofrer as consequências das decisões tomadas por terceiros, que pretendem impor a sua própria visão do amanhã.

Este é um momento atemorizador. Em cada encruzilhada, cada um de nós tem três possíveis opções. A primeira é abandonar a estrada que segue para algum lugar que não desejamos ir. Podemos escolher outra direção. Podemos nos distanciar das dificuldades daquela conjuntura. Podemos deixar a missão inacabada.

A segunda alternativa é nos rendermos às forças de resistência que obstruem cada um de nossos passos rumo à plenitude. Podemos sucumbir à fadiga da jornada resultante de anos sendo ignorados, ridicularizados, ou rejeitados por causa de nossas ideias. Podemos, quietamente, cair no esquecimento, acatando os valores da hora, ou nos silenciando diante deles. Em outras palavras, essa opção significa rastejarmos para dentro de uma caverna confortável, na companhia de pessoas legais, e nos convertermos numa Igreja, numa cultura, numa sociedade dentro da sociedade. Podemos simplesmente nos isolar em grupelhos e esperar a tempestade se acalmar, passar, e a atmosfera reinante se transformar, outra vez, naquele abrigo cálido e acolhedor dos nossos primórdios.

A terceira opção é nos recusarmos a aceitar uma deterioração moral do presente e insistirmos em celebrar a vinda de um futuro que, embora desconhecido, decerto será mais sagrado. A terceira opção é seguirmos resolutamente em frente, ainda que não tenhamos certeza do que iremos encontrar no fim de nossa trajetória. A terceira opção é percorrermos o caminho dos profetas de outrora. É ecoarmos aqueles que nos antecederam e reverberaram a voz e a visão de Deus para o mundo. É corrermos o risco, a exemplo dos profetas, de não sermos realmente ouvidos – pelo menos até bem depois do leite derramado.

A terceira opção é uma escolha que exige muita coragem. Porém a coragem, a despeito do quanto pareça infrutífera, não deixa de ter sua própria recompensa. Anaïs Nin escreveu: "A vida se expande ou se encolhe na medida da coragem de cada um". E a coragem é o caminho de um profeta.

Os profetas tiveram uma escolha.

E nós também a temos.

UMA PALAVRA SOBRE OS PROFETAS

Este livro é sobre o profeta que existe em você. É sobre um mundo que se tornou terrivelmente arbitrário e que se acha à beira do precipício, pendendo entre o autoritarismo e a liberdade, entre a compaixão universal e o egocentrismo nacional. É sobre um mundo marcado pela violência, pela fraude institucionalizada, pela degradação humana voraz, pela repressão política, escravidão econômica e narcisismo desenfreado. O nosso é um mundo em compasso de espera. À espera de que algumas vozes sábias e indômitas se elevem e nos reconduzam à sanidade espiritual. À espera de que você, eu e as pessoas espiritualizadas de todos os cantos do planeta nos recusemos a ser massa de manobra na destruição de uma comunidade global em benefício do egocentrismo nacional.

Uma única indagação se impõe: vamos assumir o que sabemos ser nossa responsabilidade moral e espiritual, que é converter o mundo em um lugar melhor para todos e a todos permitir desfrutarem da plenitude da criação? Vamos ajudar a promover a igualdade, segurança, proteção e compaixão para cada uma das criaturas?

É aqui que o profeta entra em cena.

O profeta é aquele que diz não a tudo o que não é de Deus.

Não ao abuso de mulheres.
Não à rejeição do estrangeiro.
Não aos crimes contra imigrantes.
Não à pilhagem das árvores.
Não à poluição dos céus.
Não ao envenenamento dos oceanos.
Não à destruição desprezível da humanidade em prol de mais riqueza, poder e controle para alguns.
Não à morte.

Daniel Berrigan – um dos profetas da nossa era que condenou a Guerra do Vietnã e fez desta condenação um caminho permanente para a paz de muitos – afirmou: "Profeta é aquele que fala a verdade para uma cultura de mentiras".

E ao dizer não, o profeta também diz sim.
Sim à igualdade de direitos para todos.
Sim ao alívio do sofrimento.
Sim ao acolhimento do diferente.
Sim para você, exatamente como Deus o criou.
Sim para a vida.

Este livro é sobre espiritualidade profética.

E o que é, precisamente, isso?

É a espiritualidade da consciência, da escolha, do risco, da transmutação. Envolve o abarcar da vida, a busca da inteireza, a aceitação dos outros, o chamado à cocriação.

É um estilo de vida que implica manter os olhos bem abertos e o coração cheio de fervor no desdobrar de toda a nossa existência. É um legado espiritual que incorpora comprometimento de Jesus, o Profeta, e a coragem daqueles homens e mulheres que o precederam, os visionários, os insistentes – perspicazes e sensibilizados – que reivindicaram a vontade de Deus para todos. É um chamado para viver não apenas louvando a Deus, mas de acordo com sua vontade para o mundo. Em suma, a espiritualidade profética é sobre viver a nossa fé nas ruas do mundo, em vez de apenas discursar sobre ela.

A fé é entrevada, a menos que a estejamos vivendo. Essa é a mensagem básica dos profetas, uma mensagem milenar que conserva sua verdade até hoje.

A espiritualidade profética é ativa e exige tanto um engajamento pétreo quanto uma preocupação sincera.

Não se trata de um percurso espiritual fácil. De fato, pode ser cansativo, desgastante, entristecedor e, no entanto, eletrizante. É um trajeto que nos arremessa ao mundo com o olhar fixo na vontade de Deus para tudo que nos cerca e em todos os momentos. Os profetas bíblicos de Israel – sem exceção – quando numa encruzilhada entre a verdade e a mentira, quando diante da oportunidade de se estabelecerem, de abandonarem a resistência ao mal, de aceitarem a realidade vigente, sempre decidiam seguir adiante. Apesar das dificuldades, escolhiam viver e proclamar a verdade para si e para os outros. Os profetas eram as sirenes na noite, os semeadores de sementes atiradas ao longe, os eternos agitadores da alma das pessoas e da nação, as tochas incandescentes na escuridão do caos.

Os profetas optaram continuar semeando a mensagem da vontade de Deus para o mundo sobre o qual se fundamentava o futuro e do qual a população dependia. Os profetas sabiam que, se fosse possível, algum dia, encontrar um caminho para sair das trevas em que uma liderança inepta o havia condenado, o povo iria precisar de quem lhe revelasse a verdade e a estes, embora poucos, caberia manter a mensagem viva.

Essas pessoas proféticas, gente como nós, simples e sincera, impetuosa e inspirada – esses pastores de ovelhas tais como Amós e pequenos empresários como Oseias, esses agricultores despojados, ou sacerdotes como Jeremias, esses pensadores, escritores e sonhadores como Isaías e Ezequiel, esses amantes batalhadores e testemunhas atribuladas como Miqueias, esses juízes e líderes destemidos e independentes como Débora e Miriam, não se ativeram a pequenas escolhas. Pelo contrário. Cada um deles escolheu a intrepidez. Escolheu a expansão da alma. Escolheu arriscar sua vida naquilo que deveria ser, ao invés de assegurar conforto, segurança, e o rumo da própria existência, apostando no *status quo*.

É esse compromisso firme, inabalável e corajoso com a eterna vontade de Deus para a criação – a despeito de quaisquer custos para si – que constitui a tradição profética. É o que sustenta a eterna Palavra de Deus enquanto o mundo gira ao seu redor, convertendo essa Palavra – o Amor – no centro, no eixo, no padrão de tudo o que os de coração fiel realizam em meio à tempestade de mudanças que nos engolfa enquanto avançamos.

O que podemos aprender com tudo isso? Devemos decidir o que fazer agora num mundo chacoalhado numa centrífuga de transformação, metamorfose e vicissitudes. A exemplo dos israelitas no cativeiro, descobrimo-nos exilados de um passado mais sossegado, lançados numa aldeia cósmica e mergulhando, de cabeça, num mundo totalmente novo, aqui e além dos nossos limites geográficos.

* * *

Este livro oferece a tradição profética como um guia à medida que deixamos para trás o velho estilo de vida em favor da luz eterna e ardente de Deus, aquele que – conforme nos recordam as Escrituras – "está sempre renovando todas as coisas".

O que a tradição profética, a dimensão profética da vida espiritual, tem a ver conosco? Como irá afetar nossas vidas? Qual o seu significado em nosso próprio desenvolvimento e autenticidade espirituais? E, acima de tudo, quais são os dons concedidos aos que proclamam a Palavra de Deus perante as injustiças de nosso tempo? Em quem poderemos nos tornar se persistirmos na busca do anúncio da verdade mesmo em face da rejeição?

Em primeiro lugar, e principalmente, os profetas apoiam a tradição, mas são cautelosos quanto ao tradicionalismo. Sabem como é ser asfixiado pelo peso de leis destituídas de sentido quando a alma clama, em alto e bom som, por uma nova visão de liderança. Os profetas nos recordam que a fé no Deus vivo tem sido com frequência sufocada, e até abandonada, em favor de velhas pompas institucionalizadas.

Os profetas preocupam-se com o secularismo e pregam contra o progressivo abandono da vontade de Deus com o simples intuito de nos integrarmos com mais facilidade nas diferentes comunidades. Sabem o que acontece a uma sociedade – e a uma Igreja – que perdem a amplitude e o impacto da perspectiva espiritual ao se agarrarem a uma única questão religiosa. Sabem o que acontece à fé quando esta se concentra apenas em determinados pecados permitindo que outros, como a injustiça social, estrangulem, suprimam e silenciem os demais mandamentos.

Os profetas de hoje entendem por que grupos inteiros de pessoas espiritualizadas, de todas as tradições religiosas – se aglomeram em comunidades intencionais à procura do amparo espiritual que já não são capazes de encontrar nos líderes de paróquias, congregações ou dioceses, que ignoram todos os questionamentos para se concentrarem em alguns poucos.

Os profetas, hoje, escutam os gritos dos carentes e dos desempregados; dos idosos; dos adolescentes *gays*, deprimidos e alquebrados por anos de difamação propalada pela Igreja; das vítimas de abusos sexuais cometidos por clérigos; da negação das mulheres como seres humanos plenos e discípulas cabais de Jesus; das pessoas comuns que procuram pastores em seus líderes religiosos e não imperadores eclesiásticos.

Os profetas de nossa era lamentam a ausência de preocupação da religião com as mulheres cujos salários não se equiparam aos dos homens, com as meninas traficadas, com as esposas espancadas e com a sórdida percepção da mulher como um ser de segunda classe que predomina em toda parte – na Igreja e no Estado.

Os profetas de hoje tentam deter a violência implacável, impiedosa e sistêmica praticada em nome do patriotismo e autodenominada "a vontade de Deus".

Os profetas compreendem por que os peregrinos espirituais bradam, em desespero, por uma liderança eclesial que condene as armas nucleares e, no entanto, o que ouvem são condenações ao uso de preservativos e aos métodos contraceptivos.

Os profetas se preocupam com a liderança. Sabem que os líderes civis colocam um fardo nas costas dos vulneráveis a fim de tornar aqueles que já desfrutam de uma situação financeira confortável imoralmente mais ricos.

Os profetas se preocupam com tudo aquilo que as pessoas comuns, como você e eu, nos preocupamos. De fato, com cada fibra de seu ser e ao custo da segurança pessoal, preocupam-se com o clericalismo e o censuram. Preocupam-se com o secularismo estático e se empenham em revigorar a alma do próprio templo. Preocupam-se com a pobreza e a denunciam, preocupam-se com a violência e a refutam, preocupam-se com a religião e procuram purificá-la da sua arrogância, da sua fé falsa e do vazio de suas regras e rituais.

E o que acontece com esses profetas, que se preocupam mais com essas coisas do que com a preservação das velhas estruturas de poder? Eles correm o risco de cair no ostracismo social, de ser, muitas vezes, ridicularizados e ignorados. Porém, também sabem que é a vontade de Deus que traz o bem, a alegria, a felicidade e igualdade a um mundo desprovido de tudo isso. O que eles fazem então? Seguem em frente ecoando a vontade de Deus até que ela finalmente se realize – a despeito de quais poderes possam se altear para impedi-los. O resultado é que suas vidas e suas histórias se converteram no coração do Antigo e Novo Testamentos, tanto nas Escrituras hebraicas quanto cristãs, tanto outrora quanto agora.

Estão mais comprometidos com a Palavra de Deus do que com a aceitação daqueles que, apesar de se declararem guardiões da Palavra divina, traem o seu significado.

Estão mais comprometidos com o compromisso do que com a aprovação social.

São mais dedicados à fé em Deus do que à fidelidade ao sistema.

Estão mais cheios de esperança no futuro do que temerosos da dor no presente.

Estão mais comprometidos com novas perguntas do que com velhas respostas.

São pessoas de seu tempo que, caso necessário, preferem se posicionarem, sozinhas, ao lado de Deus.

Os profetas vivem totalmente inseridos no presente em prol de um futuro que, assim o sabem, talvez jamais venha a ser o seu. E nos chamam a fazer o mesmo. Convocam-nos a nos nortear novamente pelo mantra: "Se não for por nós, então que seja por nossa causa".

Incitam-nos a clamar, como os grandes profetas que nos antecederam, para que, amanhã, a Palavra de Deus possa, para todo o nosso bem, ser enfim e por fim, ouvida.

A tradição profética é clara: não estamos aqui meramente para obter êxito hoje. O profeta não só perseverará, pelo tempo que for necessário, na sua missão de converter o presente naquilo que Deus pretende que seja, como também irá preparar o futuro para que a vontade divina perdure. Estamos aqui para semear a piedade no presente, para que outros possam, algum dia, colher o melhor do que plantamos.

O que se segue nas próximas páginas são as sementes da tradição profética. A esperança é que elas implantem dentro de você uma nova vida, um novo apreço pelos outros, uma nova maneira de viver para Deus. E assim, com o coração ardendo, você desejará mudar o mundo. Para o bem de todos nós.

O país, o mundo, precisam de você.

Deus precisa de você também.

1
RISCO

Lembro-me de uma época quando, em vez de usar o modelo beneditino de *lectio divina* – a leitura devocional das Sagradas Escrituras – a abadessa do mosteiro recorreu a um guia de meditação para conduzir a comunidade durante certo período de contemplação diária.

Tratava-se de um processo de meditação guiada bastante claro. A instrutora começava lendo um trecho do Evangelho. Em seguida, entoava: "Imagine a cena". Então retomava a leitura: "Jesus está caminhando às margens do Mar da Galileia, parando aqui e ali para curar um cego, inclinando-se sobre uma menina para ressuscitá-la dentre os mortos, engajando-se num debate sobre as minúcias da Lei com os escribas e fariseus da região, ignorando o mandamento de guardar o sábado para resgatar um jumento caído numa vala. As multidões o pressionam, empurram, cutucam, as mãos estendidas, os olhos implorando atenção e ajuda. Nesse momento, Jesus ergue o olhar e avista você, assistindo à cena de longe. 'E você?', ele o interpela. 'O que você pretende fazer por estes que aí estão? Apenas ficar parado, observando?'"

Tal formato, leitura-interação, era um estilo de formação espiritual completamente diferente daquele com o qual eu lidaria depois do Concílio Vaticano II, quando o foco passou a concentrar-se na liturgia e no estudo das Escrituras. A primeira abordagem dependia mais de nossa submersão nas narrativas das Escrituras – em nos convertermos numa personagem de determinada história dos textos sagrados – do que de uma deliberação individual sobre a presença de Deus em nosso cotidiano. Girava mais ao redor da integração da vida de Jesus em nossa própria vida, do que em torno do desenvolvimento da prática da leitura da Bíblia. Todavia, ao longo do breve período de meditação guiada, aprendi algo que me seria benéfico pelo resto de meus dias: passei a entender – por meio dessa atenção centrada em passagens específicas do Evangelho – que contemplação dizia respeito à imersão da minha vida na vida de Jesus. Em outras palavras, a autenticidade da minha vida espiritual dependia da minha compreensão da vida de Jesus. Entretanto, a percepção de que isso também se transformaria em desafio pessoal para mim só afloraria mais tarde.

Essa espécie de reflexão rotineira pouco contribuiu para nos encorajar a ir além do conceito de que uma vida de contemplação e comprometimento é, em si mesma, um tipo estereotipado de testemunho da vontade de Deus. Ora, pois não bastava rezar com frequência? Debruçar-se sobre o Evangelho? Viver dentro do mundo de Jesus, o Israel do século I, e moldar nossos ideais – mas não necessariamente os nossos comportamentos, ou escolhas atuais, ou a nossa total obediência – de acordo com aquela conjuntura de outrora? Claro que sim, pensávamos. Portanto, o nosso mundo estava primorosamente separado entre Igreja e Estado. Dissociados um do outro, o mundo circunscrito à capela, dedicando-nos às meditações guiadas diárias, era muitíssimo superior à vida secular nas ruas, acreditávamos. Esse gênero de espiritualidade decerto superava a espiritualidade leiga, desprovida de uma particularidade tão esotérica quanto "meditação". Limitada em grande parte a algum envolvimento com a igreja, à reza do terço, às práticas religiosas e às obras de caridade, embora estes fossem excelentes exercícios espirituais, faltava à vocação leiga a aura espiritual da "vocação religiosa" profissional. Em resumo, conseguimos dividir a vida espiritual entre a prática cristã – nossa rotina costumeira de orações e realização de "boas obras" – e o testemunho cristão. Conseguimos desvincular o Jesus, portador da cura, do Jesus profeta, a presença social aceitável da transformação social.

Essa separação revelou-se tanto infeliz quanto infundada. A vida cristã plena é um misto de ambos. Optar pela espiritualidade sacramental destituída de espiritualidade profética é ignorar metade da mensagem de Jesus, metade das atribuições cristãs, metade da vida cristã.

A concepção de vida espiritual como um chamado universalmente comum, e não um teste classificatório baseado no nível de nossas vocações, ainda demoraria a surgir. O que significaria para o mundo se leigos e religiosos decidissem "viver como Jesus viveu", ao invés de apenas ir à igreja, estava além do entendimento. Afinal, a assiduidade ao local de culto constituía a medida da nossa espiritualidade. A frequência à igreja e a observância das leis da Igreja, em detrimento ao Evangelho e às Escrituras, definiam nossas respostas espirituais à vida. A própria ideia de ser pessoalmente responsável por um pecado público ou cívico, apenas por ser cristão, soava tão confusa quanto uma língua estrangeira. Em termos práticos, o nosso distanciamento das questões públicas revelava, por si só, o grau de seriedade da nossa vida cristã.

E, no entanto, o desafio pessoal da meditação diária permaneceu comigo por anos a fio – não reconhecido e mal resolvido muito depois de a última cena do Evangelho haver sido lida em voz alta na capela. Passaram-nos anos até que me ocorresse levar a sério a indagação: o que quer dizer viver – realmente viver – uma vida espiritual? Comecei a me dar conta de que seguir Jesus num mundo à beira do desastre – ameaça nuclear, fome global, ganância flagrante, colapso civil, escravidão racial, sexismo e ruína planetária – com certeza é algo muito maior do que o mero desenvolvimento de rotinas espirituais regulares, ou até da observância do mandamento leigo de ser "bons cristãos".

E, portanto, estas indagações são o ponto central deste livro: E você? O que você fará aqui e agora, neste nosso mundo, nesta nossa época? Ficar parado num canto, olhando?

Por quê? Porque sob a superfície de tudo, algo persiste e não desaparece, algo ainda é ouvido nos recônditos da alma e clama por nós, repetidas vezes. Há outra espiritualidade – muito mais antiga do que as meditações guiadas ou rotinas espirituais – que reverbera ao longo dos séculos e nos chega por meio dos modelos de gigantes espirituais que, já sabendo-a imprescindível em seu tempo, nos legaram a obrigação espiritual de reestruturar um mundo desvairado.

A pergunta, *O que você fará?*, jaz no cerne na maturidade e do comprometimento espirituais. Seguir Jesus implica nos empenharmos, cada um de nós, no resgate de um mundo, devastado e surrado, das garras gananciosas que o sufocam. Precisamos nos interpor entre os indefesos e o poderio nuclear que os destruiria em nome da paz. Precisamos confrontar o sexismo que humilha metade da humanidade. Precisamos libertar nosso mundo da antropologia da falsa superioridade humana que esgota os seus recursos naturais e dizima os seus povos à custa de tudo o que existe no planeta, exceto da própria raça humana. Todavia, o resultado é que a maior parte da humanidade acaba se degradando também.

Em nossas cidades, os pobres passam as noites de verão ao relento e morrem de frio no inverno. Nossas crianças vão dormir com fome. Nossas mulheres não podem andar pelas ruas sozinhas, com medo de estupro, assaltos e tumultos. À mercê da violência de nossa época, o resto do mundo bate às nossas portas, implorando "*um lugar na hospedaria*". E você e eu? Que atitudes tomamos a respeito? Limitamo-nos a ficar de braços cruzados, olhando?

É evidente que nos sentimos tentados a recusar o convite para realmente "seguir" Jesus – ou seja, para estarmos imersos em nossa era como ele esteve na dele, alimentando, de fato, os famintos, contestando as práticas de opressão, negando a devoção ao sexismo, ao racismo e à escravidão econômica.

Aliás, não raro ignoramos, resistimos e repelimos a ideia de que, a exemplo de Jesus, temos um papel a desempenhar na retificação de um mundo cujo eixo está pendendo na direção errada. Recusamo-nos a aceitar o conceito de que recolocar o ponteiro da bússola de nosso mundo apontando para o Verdadeiro Norte da alma é o que significa ser genuinamente espiritualizado. Nossa tarefa – argumentamos – é ser "obedientes", cumprir leis, jejuar, acatar dogmas, guardar os dias de festa. Contudo, há uma pergunta que quase sempre deixamos de fazer: obedecer a quê? E a quem? Nossa tarefa é ser obedientes, durante toda a nossa vida, à vontade de Deus para o mundo. Eis aí a diferença entre não ser bom para nada e ser bom para alguma coisa. Entre a religião de fachada e a religião de verdade. Entre espiritualidade pessoal – que se dedica a alcançar a santificação particular – e espiritualidade profética, que é a outra metade da dádiva do cristianismo.

Sim, o ideal cristão é a bondade pessoal, porém a bondade pessoal requer que sejamos mais do que apenas piedosos, mais do que fiéis ao sistema, mais do que meros sócios de carteirinha da comunidade cristã. O cristianismo exige, também, que cada um de nós seja uma presença profética em nosso meio a fim de que o mundo se torne um lugar melhor porque nós vivemos nele.

Não há espaço aqui para passar uma vida inteira dedicando-nos a manter uma rotina espiritual perfeita, aferrados a um moralismo antisséptico, fechados num silêncio amargo e sofredor. Na realidade, nada disso marcou a vida do próprio Jesus, que "andou na companhia de pecadores", curou estrangeiros, convidou mulheres ao discipulado, discutiu com escribas e fariseus sobre a natureza intrínseca da fé e irritou os líderes do Templo e do trono, ou seja, tanto a religião quanto o Estado.

Por conseguinte, o chamado de Jesus é o chamado a profetizar, a anunciar a palavra de Deus para um mundo que prefere rituais religiosos e conforto espiritual às exigências da maturidade moral. É dar testemunho de profeta num lugar desprovido de profetas.

A espiritualidade profética nos conclama a caminhar na esteira dos profetas bíblicos do Antigo Israel, a escutar a palavra de Deus para o mundo e repeti-la, gritá-la, apresentá-la, até que o mundo acorde. É persistir nas exigências, até que os famintos sejam alimentados, os enfermos cuidados e os violentos mandados embora, esvaziados de seu poder destrutivo.

Os profetas de ontem e os de hoje são aqueles que encaram a vida como ela é – dura para muitos, injusta para a maioria – e se propõem a melhorá-la. Os profetas simplesmente se recusam a aceitar uma visão do amanhã limitada pelas fronteiras de outrora e destituída da palavra de Deus no agora.

Os profetas clássicos do Antigo Israel não reconstruíram o passado. Aliás, nem sequer restauraram realmente o presente. Mas sustentaram uma visão inquietante e obstinada do amanhã. Deixaram claro que nenhum de nós tem o direito de desistir até que a vontade de Deus para o mundo seja cumprida. Qualquer coisa aquém é ignorar os desígnios de Deus.

A voz dos profetas raramente era apreciada pelos reis e sumos sacerdotes de sua época. De fato, os profetas foram ignorados pelos próprios destinatários das suas mensagens, os mesmos que poderiam haver evitado os desastres que se seguiram. Mas, a despeito de tudo, os profetas insistiram na proclamação da Palavra de Deus. E, agindo assim, preservaram a vontade de Deus para a humanidade. Ainda que parecesse em vão, continuaram descrevendo o que seria necessário para conduzir a vida ao cumprimento da promessa da criação.

Não, os profetas bíblicos não foram aceitos pelos poderosos de seu tempo. Além de serem sempre a voz do futuro, os arautos da plenitude que estava por vir, eram também a voz que nos advertia sobre o que aconteceria conosco, com o mundo, caso o mundo permanecesse no rumo em que se encontrava – a menos que aqueles que ouvissem e compreendessem a Palavra se empenhassem, de corpo e alma, para trazê-la à luz.

Porém nunca devemos nos esquecer de que os profetas eram também pessoas como você e eu. Sentiram-se desencorajados pelo caos reinante, esgotados, cansados de tentar. E também se confrontaram com as mesmas três opções que ainda hoje nos desafiam. Tiveram que decidir se renunciariam inteiramente à luta, se iriam se render à cultura prevalecente, ou se recusarem a consentir com a injustiça da época.

Não, não somos todos profetas – no sentido clássico ou original do termo – entretanto a todos nós é conferida a missão de sermos portadores da mesma mensagem profética para a nossa própria era. Somos destinados a dar testemunho de uma espiritualidade que não somente é fiel às dimensões litúrgicas de nossas tradições, como também é comprometida com o tipo de espiritualidade profética que torna a anunciar, em alto e bom som, a mensagem de Deus para um mundo distorcido e injusto.

O fato é que não há ninguém ocupado demais, velho demais, enclausurado demais, ou distante demais das pelejas do mundo para não ter como divulgar a Palavra de Deus num mundo tal como o nosso.

Para todos nós, que vivemos sob a ameaça da degeneração social – promovida por agentes do poder, especuladores, ditadores, xenófobos, narcisistas e preconceituosos – existem decisões a serem tomadas. Devemos fazer alguma coisa para recriar o coração e a alma do universo que habitamos? Ou não fazer nada e alegar sermos impotentes diante da força do mundo? Agiremos como se não soubéssemos que há comícios a comparecer, estudantes a ensinar, cursos de pacificação a participar, legislação pública a estudar e discutir, instalações e serviços de assistência a oferecer aos sem-teto e, no mínimo, orações sinceras a rezar em público nas nossas igrejas? Não ergueremos absolutamente voz nenhuma na busca da vontade de Deus para todos nós?

O que este mundo mais requer de nós, neste exato instante, é o comprometimento com uma espiritualidade tanto profética quanto particular, que ecoe as preocupações dos profetas que nos antecederam. A profecia, em outras palavras, é uma dimensão essencial da presença cristã, um testemunho claro de uma vida guiada pelo Espírito.

O problema é que já não temos o menor conhecimento dos profetas bíblicos e, assim, perdemos também a consciência do patrimônio espiritual que herdamos. Na realidade, talvez nem seríamos capazes de reconhecer os profetas, caso os víssemos. No entanto, foi justamente em épocas como a nossa que Deus enviou esses profetas da Antiguidade para despertar o mundo ao seu redor, levando-o a perceber quão distante se achava da verdade. Com certeza é hora de a geração atual redescobri-los.

A pergunta, deveras, reverbera através dos tempos: e você? O que você fará?

Reflexão

Para cada vida há risco. Aqueles que não arriscam nada, arriscam muito mais, ensina o Talmude. Enquanto mantemos a cabeça abaixada, a boca fechada e nossa reputação ilibada – graças ao silêncio que guardamos em face às grandes questões públicas do momento atual – os pilares da sociedade se corroem diante de nós. A constituição se choca com as ambições políticas das próprias pessoas que juraram protegê-la. Os pobres ficam ainda mais pobres. A classe média vê sua aposentadoria se reduzir a pó. É para nós, aqui e agora, que as Escrituras bradam com absoluta clareza: *"Eis que Deus é a minha salvação; terei confiança e não temerei"*. Não devemos temer a escuridão; devemos simplesmente decidir sermos portadores da luz onde quer que estejamos.

O chamado para discernir a diferença entre o que é sagrado e o que é apenas popular, entre o que é e o que deveria ser, constitui a essência de uma vida boa. A obra de Deus está em nossas mãos. Ignorar isto é ignorar a plenitude da vida. Cada um dos profetas considerou o risco a correr e, a despeito do preço a pagar, continuou em frente – conclamando o mundo a se transformar na melhor versão de si mesmo. E é o que também nós devemos fazer.

*Apenas aqueles que se arriscam a ir longe demais
podem descobrir até onde é possível ir.*

T.S. Eliot

2
PARADOXO

Existem duas maneiras de ser santo, entretanto seria impossível você sabê-lo por meio do que falamos a respeito daqueles que o são.

Há pessoas, por exemplo, que trabalham todos os dias, nas piores condições imagináveis, em prol dos mais carentes deste mundo. Chame-as de santas; chame-as de corajosas; chame-as de "sal da terra"; pois, de fato, o são.

Há outros que, em face às condições em que os mais destituídos são levados a viver, empenham seus esforços para mudá-las. E acabam denunciados por isso. Chamados de irrealistas. Chamados de apologistas. Chamados de infiéis ao seu país – e até à sua Igreja.

Vejamos o caso de Dom Hélder Câmara, o "arcebispo dos pobres", conforme o denominaram. Notando a crescente hostilidade do governo brasileiro da época ao seu apoio aos oprimidos do país, Dom Hélder disparou: "Se dou pão aos pobres, todos me chamam de santo. Se mostro por que os pobres não têm pão, me chamam de comunista e subversivo".

Em El Salvador, o arcebispo Dom Óscar Romero se converteu numa ameaça a um governo repressor. Por quê? Por apoiar e ser um aceno de possibilidades de melhora para os pobres. Assim, a mando do governo, Romero foi assassinado dentro da catedral, enquanto celebrava a missa. "Vocês podem me matar," disse ele. "Mas eu me erguerei nos corações dos pobres."

Posteriormente, a Igreja canonizou Romero. Hoje as pessoas o chamam de santo. Todavia, no auge de sua postura profética em El Salvador, a própria Igreja não apenas pouco fez para protegê-lo, ou salvá-lo, como questionou o seu apoio aos criadores de caso que desafiavam um governo coercitivo.

Sim, profetas costumam ser criaturas bastante irritantes. Dostoiévski é claro sobre como o mundo os assimila. Nas suas palavras, "os homens rejeitam seus profetas e os aniquilam, porém amam os seus mártires". Tão logo o encrenqueiro é silenciado, é permitido ao povo em geral o luxo de se autoenaltecer, porque se acha agora dominado.

É sedutora esta indagação recorrente sobre quem é imbuído de maior santidade: os que agem – os mártires –, ou os agentes da mudança – os profetas. O que é melhor, ser profético, ou pastoral? É mais importante realizar obras de caridade, ou exigir justiça? E mais ainda, as pessoas se perguntam, quem é religioso deve, realmente, se envolver com a política? Como se curar o cego de nascença no sábado fosse ou um ato político, ou um ato pastoral, ou um ato profético.

Quando tentamos responder a tais questionamentos tão vazios é que nos descobrimos num labirinto. Qual fruta é melhor, maçã ou laranja? Quem é mais santo, os que cuidam de doentes católicos, ou os que constroem hospitais inter-religiosos para todos? Ao fim de debates como estes, tudo o que conseguimos é reduzir todas as iniciativas cristãs a uma série de falsos opostos. Jogar um empreendimento contra o outro somente diminui o valor real de cada um deles.

Trata-se de uma contenda espúria e, no entanto, o antagonismo permanece, é constante. Nós preferimos nossas religiões revestidas de sossego. Preferimos a dita "unidade" silenciosa. Evitamos discussões sobre questões que possuam dois lados, ambos defensáveis, ambos com uma história de valor. Como o serviço militar e a objeção de consciência, ambos conceitos cristãos. Como o papel das mulheres no lar e o seu lugar na esfera pública, ambas condutas plenamente humanas. Como prestar assistência espiritual aos heterossexuais, ou à comunidade LGBTQ, por exemplo. Ao optar pelos dois, ao recusar-se a escolher um em detrimento do outro, a resposta de Dorothy Day é, por si só, profética. Assim escreveu ela: "O que gostaríamos de fazer é mudar o mundo – torná-lo um pouquinho mais simples a fim de que as pessoas possam ter o que comer, o que vestir e onde morar, de acordo com o intento de Deus para todos nós. E, ao lutar por condições melhores, ao clamar, incessantemente, pelos direitos dos trabalhadores, dos carentes, ou dos destituídos – em outras palavras, pelos direitos dos pobres – podemos, em certa medida, modificar o mundo; podemos trabalhar na construção de um oásis, de uma pequenina célula de alegria e paz num mundo atormentado. Podemos atirar nossa pedrinha num lago, confiantes de que o círculo formado irá se expandir até circundar o mundo".

Dorothy Day não se permite ser mal-entendida. Seu objetivo é mudar o mundo. Tanto quanto alimentar, vestir e abrigar as pessoas – "as dignas e as indignas". E irá lutar para concretizar tudo isso enquanto estabelece pequenos oásis de paz em todos os lugares. Assim – afirma ela –, criando um espaço diminuto de cada vez, será possível contagiar o mundo com uma nova maneira de viver.

Essa é a caridade suprema. E também um enunciado profético sobre o estilo de vida cristão com o potencial de transformar o planeta.

Expressos em termos tão crus, é fácil perceber que as duas dimensões da assistência espiritual são fortalecidas pelo envolvimento mútuo. De que adianta alimentar os famintos sem defender a melhoria dos serviços sociais? De que adianta exigir salários mais altos para a mão de obra menos qualificada e omitir a necessidade de creches para as mães que trabalham fora?

Ou, por outro lado, de que serve a visão profética se os pobres continuam famintos? Enquanto o mundo aguarda o *insight* legislativo necessário para reestruturar os serviços sociais, ou aumentar os pisos salariais, famílias passam fome. Preocupação intelectual não é nenhum substituto para a comida que uma família não pode comprar a despeito de o pai e a mãe se desdobrarem em mais de um emprego. A verdade é que a caridade é louvável e raramente vista como perigosa. É sinal de uma pessoa bondosa, do tipo que descarrega caminhões de mantimentos e instala alojamentos temporários.

Já a profecia é cheia de arestas. Propõe-se a desconstruir a situação presente. Critica as estruturas sociais que não apenas regem a vida de muitos, como lhes proporcionam *status*. Essas pessoas investem na manutenção da continuidade porque têm alguma coisa a perder, caso o mundo ouça os clamores do profeta por mudança.

Se a marca da caridade é a sua generosidade incomum, a característica inconfundível da verdadeira profecia está na sua coragem descomunal. Ambas vão muito além da sua medida normal. Ambas apontam o caminho a ser seguido. Ambas dão testemunho ao mundo de um outro estilo de vida, de um modo de viver melhor para todos nós.

Todavia, a caridade desvinculada da profecia pode servir somente para tornar o mundo mais seguro para os seus exploradores. Desde que os pobres estejam ganhando cestas básicas, por que elevar os salários até um patamar que lhes possibilite comprar a própria comida? Pautados por essa linha de raciocínio, os empregadores prosseguem pagando mal e sobrecarregando os mesmos trabalhadores que contribuíram para que eles amealhassem a sua riqueza.

Ao mesmo tempo, a profecia é capaz de perturbar uma sociedade, sem necessariamente confortá-la. Na realidade, é possível até que permaneça a distância dos sofrimentos de sua era. O resultado é que corremos o risco de intelectualizar os problemas do mundo, que serão discutidos, a perder de vista, por uma parcela da humanidade.

Os grandes profetas tanto confortam os maltratados quanto trabalham para mudar as estruturas que incorporam os maus-tratos a ponto de virmos a admiti-los como algo natural. Quando isto acontece, há pouca esperança de mudança.

Reflexão

O poeta Charles Péguy nos alerta: "Devemos sempre falar o que vemos. E, acima de tudo, embora seja mais difícil, devemos sempre enxergar o que vemos". Quando falhamos em reconhecer as injustiças da sociedade, de perceber o seu cheiro e estancá-las; quando deixamos de carregar os coxos e de abrigar os sem-teto, jamais curvaremos nossos corações o bastante para escutar os gritos dos injustiçados e os ecoar para que todos os ouçam. E mudem.

*O curioso paradoxo é que, quando me aceito
exatamente como sou, então é que posso mudar.*

CARL ROGERS

3
CONSCIÊNCIA

Toda existência é uma aventura sagrada na preparação do Reino de Deus, uma jornada à plenitude da vida, ao invés de sua negação. Entretanto, muitos ainda se pautam pela privatização da vida espiritual, ideal florescido no século XIX. Ainda se agarram à ideia de que o objetivo da vida espiritual é nos capacitar para a fuga do secularismo degradador do mundo em favor da santificação pessoal. Essa é uma espiritualidade que "pratica" a religião, mas não se identifica com as mensagens do Evangelho que a embasam.

Se existe uma certeza absolutamente evidente quanto à dimensão profética da vida é que muito mais gente se recusa a aceitar o compromisso do que se dispõe a assumi-lo. Por mais que a Igreja, ao longo das eras, tenha reconhecido o papel dos profetas como portadores carismáticos da Palavra de Deus para a humanidade, por mais que grupos religiosos proféticos tenham legado às gerações posteriores modelos e pastorais suficientes para a reconstrução do mundo século após século, uma velha heresia permanece. A luta para escapar do mundo – para evitar conflitos e deixar que as coisas se resolvam por si só – continua firme e forte em nós.

Perdemos algo que os profetas conduziram à plenitude, o dom sagrado da consciência das carências do mundo. Negligenciamos aquilo que os profetas sabiam de fato: o tempo mais pertinente para a nossa própria santificação é o agora. O que realizamos, falamos, vemos, e ao qual reagimos, é a verdadeira semente de nossa própria santificação. Os momentos que vivemos são o nosso chamado à coragem.

Não há a menor sombra de dúvida de que o propósito da profecia seja fermentar o mundo, aproximá-lo do Reino de Deus, um pequeno passo de cada vez. A qualidade de vida que criamos ao nosso redor, como "seguidores de Jesus", destina-se a semear nova vida, nova esperança, novo dinamismo, portanto, fazer germinar a própria essência de uma nova comunidade global.

Não se abre exceção para ninguém. Nenhum de nós, a despeito de quão isolado viva de seus semelhantes, é eximido de tal responsabilidade. Porém como é possível dar conta desta atribuição quando estamos sempre ocupados com a nossa vida familiar e profissional? Na realidade não é difícil.

1) Para ser espiritualmente maduro, cada um de nós deve se dedicar a alguma coisa maior do que nós mesmos. Grandes movimentos globais afetam o âmbito local. O aumento do preço da gasolina, por exemplo, talvez impeça os cidadãos de baixa renda de arcarem com as despesas de um carro para comparecerem a entrevistas de emprego, e muito menos irem trabalhar. O alto custo das moradias, ou a defasagem entre salário e custo de vida, tem levado famílias inteiras a morarem em seus carros. Sem banheiro, guarda-roupas, cozinha ou até uma mesa onde as crianças possam fazer a tarefa escolar.

Reconhecer as implicações da espiritualidade profética na vida cristã exige que enxerguemos além dos limites de nosso próprio mundinho a fim de perceber os efeitos que outras questões estão causando ao nosso redor e então agir – sozinhos ou em grupo.

2) A espiritualidade profética requer que ponderemos e estudemos tanto causas quanto consequências. Podemos começar indagando por que há pessoas dormindo nas estações de metrô no país mais rico do mundo; por que faltam, à minha cidadezinha, camas para acolher os destituídos e protegê-los da neve e do frio à noite. Pergunto-me por que não dispomos de verbas para custear a educação universitária de estudantes medianos. Podemos, ao invés de aceitar relatórios como verdade absoluta, começarmos a procurar respostas.

3) A espiritualidade profética nos conduz à compreensão de nosso próprio papel de "arauto no acampamento", o vigia de que Ezequiel fala ao repetir o seu chamado a profetizar: "Eu o fiz sentinela para a nação de Israel; por isso ouça a palavra que digo e leve a eles a minha advertência". Os profetas de hoje consideram responsabilidade sua investigar o que significa operar um fundo de investimentos; discutir o acúmulo de dívidas duvidosas; debater, por exemplo, o direito de discriminar os *gays* valendo-se de fundamentos religiosos. E, acima de tudo, se empenham em ajudar os outros a entenderem o que está acontecendo para que possamos tomar uma atitude juntos.

4) O peregrino que compreende o lugar da espiritualidade profética dentro de um cristianismo maduro assume a responsabilidade de difundir a Palavra. Assim, organiza seminários ou articula debates sobre o tópico; distribui material que resuma e explique as proposições para que os outros também se sintam à vontade para levantar o assunto.

5) O cristão profético se identifica com as questões de seu tempo. Torna-se um perito leigo nos problemas e preocupações da comunidade, ou das pessoas com quem tem contato. Brada,

publicamente, contra o que está acontecendo, como os profetas da Antiguidade.

6) E, principalmente, o cristão que reconhece a plenitude da espiritualidade profética amplia o escopo da própria vida, pelo menos em pequeninos aspectos. Ele recicla materiais. Ela usa roupas compradas em brechós. Ele se recusa a utilizar produtos químicos no cultivo de alimentos. Ela raciona o consumo de água. Eles promovem reuniões em casa para a discussão de livros. Mudam sua dieta alimentar em solidariedade com os povos nativos que estão perdendo suas terras de pastagem para o agronegócio ao redor do mundo.

7) O mensageiro da Palavra de Deus, que clama justiça para os pobres, acaba sendo conhecido, em sua comunidade, como aquele que suscita o debate. Ele se empenha ao máximo em estar sempre a par das novidades relacionadas ao assunto; não só escreve artigos para o jornal da cidade, abordando temas atuais, como também lidera grupos de adultos para discuti-los.

8) A espiritualidade profética demanda que paremos de nos esconder atrás de uma vida de oração como desculpa para não fazermos nada a respeito de nada. Pelo contrário! A medida do nosso comprometimento com a dimensão profética da vida espiritual é exatamente o clamor dos profetas ecoando através de nós.

9) São esses pequenos grupos da espiritualidade profética contemporânea que convidam os "novos cidadãos" – aqueles das mais variadas estirpes – para conversar sobre suas vidas e suas esperanças com a população local. É esse bando de gente profética que vincula os dois grupos, possibilitando-os trabalhar juntos, pois sabem que se não for permitido o crescimento de barreiras entre grupos étnicos, futuramente não haverá muros.

Diz-se que toda comunidade precisa de pelo menos um profeta. É possível que a poetisa Mary Oliver tenha dado a melhor definição do que significa ser profeta na espiritualidade contemporânea: "Instruções para viver a vida: Preste atenção. Surpreenda-se. Conte sua história".

Reflexão

Talvez devêssemos começar a escrever as instruções de Mary Oliver nas paredes de todas as igrejas. Talvez, então, estejamos alerta o bastante para perceber quando os primeiros refugiados são mandados embora, quando as primeiras escolas das regiões pobres da cidade são fechadas, quando as primeiras linhas de ônibus para os bairros nobres forem canceladas, impossibilitando os mais carentes de trabalharem fora de suas áreas. Talvez até pudéssemos começar a falar sobre tudo isso com aqueles que têm o poder para mudar as coisas. Então, para o nosso próprio espanto, poderíamos tomar o nosso lugar entre os profetas do nosso tempo.

Todo o conceito de compaixão é baseado numa consciência aguçada da interdependência de todos os seres vivos; todos fazendo parte uns dos outros, todos envolvidos uns com os outros.

Thomas Merton

4
INSIGHT

A espiritualidade profética é uma atitude da alma. Não é um conjunto de "práticas" espirituais, uma coleção de dogmas, a despeito de quão respeitado tudo isto tem sido ao longo do tempo. Aquele com alma de profeta percebe o que o resto do mundo não consegue enxergar, ou não quer enxergar, e usa esta percepção como uma bússola pela vida afora. O espírito profético passa a ver o mundo como Deus o vê – e reage de acordo. Tal como os profetas bíblicos da Antiguidade, fala de paz para as nações, justiça para os oprimidos, igualdade para a humanidade, cuidados com o meio ambiente, dignidade para todos e integridade sagrada – ao invés de controle ou corrupção – na transmissão da fé.

Os olhos do profeta varam o entulho das aparências e estabelecem a vontade abrasadora de Deus em nosso meio. Maimônides, filósofo e astrônomo judeu do século XII, escreveu: "O objetivo supremo dos profetas é proclamar a existência de um limite para a razão humana e que este não deve ser ultrapassado".

A ideia nos atordoa. A razão humana, argumenta Maimônides, só pode nos levar até certo ponto. É a partir daí, então, – se almejamos ser, algum dia, plenamente humanos – que a "irracionalidade sagrada" deve nos conduzir além. Além dos conceitos econômicos de um mundo com fins lucrativos, onde apenas quem trabalha tem o direito de comer. É essa irracionalidade sagrada que questiona a convicção de que instalar um sistema de calefação para casa, a fim de proteger os filhos do frio, é facultado somente aos que possuem dinheiro para bancar despesas extras, pois, caso contrário, a eletricidade será cortada. É essa irracionalidade sagrada que desafia o rigor político, segundo o qual exclusivamente os que são iguais a nós desfrutam do direito de viver em algum lugar que não seja um campo de refugiados. É essa espiritualidade sagrada que desmascara a crença de que os que se autodenominam enviados de Deus sempre personificam uma mensagem divina. Entretanto, chega um momento em que a compaixão humana se transforma em algo mais importante do que concorrência comercial e critérios raciais ou religiosos. Assim como Jesus chorou por Jerusalém, os profetas de hoje choram pelos que, apanhados numa teia, debatem-se entre rendimentos e profecia. A espiritualidade profética nos ensina, de forma clara, que a Palavra está acima de todas as outras palavras. Os que a ouvem não tardam a olhar a vida de uma perspectiva diferente das outras pessoas e, portanto, subvertem as expectativas do mundo.

Maimônides está nos dizendo que os profetas, de todas as eras e épocas, sonham sonhos que vão muito além do que uma pessoa comum julga possível. Os profetas de nosso tempo, como os seus pares bíblicos, estão cientes de que a paz é essencial e unem-se a grupos cuja tarefa é nos ajudar a alcançá-la. Acreditam que a justiça não é inatingível e que, apesar de todas as nossas diferenças, é possível voltarmos a ser uma comunidade. Por conseguinte, recusam-se a dividir as pessoas em brancas e negras, republicanos e democratas, americanos e estrangeiros. Em face daqueles que rotulam essas metas de elevadas demais, que as classificam de esperança vã e irreal, os profetas se negam a permanecerem calados. Os atuais portadores da espiritualidade profética continuam tentando mudar as opiniões descrentes de um mundo cego. Por isso, perante a ordem natural das coisas, parecem loucos. Parecem ferozes. Parecem fora de sincronia com o restante da humanidade. Parecem hipnotizados pela imagem de um outro mundo.

E é verdade. A espiritualidade profética está alicerçada na visão de um mundo invisível, onde tudo o que existe se acha em harmonia, sendo a vontade de Deus para a criação a energia que o impulsiona. Os profetas de agora são os santos da Santa Loucura, que, assim como os profetas da Antiguidade, assim como Jesus, enxergam além dos limites do considerado razoável para alcançar as fronteiras do que é fundamental. Eles vêm os marginalizados – imigrantes, refugiados, deficientes, os mais pobres dentre os pobres, as mulheres invisíveis – como seres humanos aptos, que devem ser educados e instruídos para que, algum dia, ocupem o seu lugar numa sociedade desenvolvida. Eles sabem que os famintos precisam ser alimentados, ou a nossa própria humanidade se dissipará à nossa revelia. Sabem que violência em nome da justiça é uma farsa. E vêm anunciar uma nova maneira de estar vivo, de se tornar plenamente humano, de endireitar um mundo torto e vertiginoso. E os que são sábios sabem que isso é santidade, não loucura.

Em cada uma das eras os profetas vêm proclamar a Boa-nova outra vez: paz na terra aos homens de boa vontade.

De fato, os precursores da vida religiosa – mártires políticos, missionários leigos, visionários e peregrinos sinceros – contemplaram a visão, ouviram a mensagem, experimentaram a sensação de ser parte da raça humana e não apenas pertencer a uma tribo ou clã em particular, a uma religião ou nação específicas. Estes se lançaram em terras desconhecidas por aqueles acomodados com o *status quo*, para falar de uma outra visão de mundo – terras onde o gênero não limitava o desenvolvimento de uma pessoa e o dinheiro não definia o nível educacional de alguém. Adentraram nas periferias e favelas, embrenharam-se em meio à sujeira e às doenças e nos bolsões de analfabetismo e ignorância. Aventuraram-se em todo e qualquer lugar que carecesse de alguma coisa e, no entanto, poucas pessoas tomaram uma atitude a respeito e ninguém, que deveria importar-se, demonstrou o menor interesse. Partiram para ser o sinal Daquele que chama todos nós à unidade e que, ao acolher a "um destes meus irmãos mais pequeninos", fez de todos nós um só. O Jesus que estes conhecem andou com bêbados e pecadores. Curou o pária e o inimigo. Reuniu mulheres e homens ao seu redor. Puniu líderes que negligenciavam os pobres. Desafiou a doutrina do sexismo usada pelas religiões para que, dentro das estruturas religiosas, os homens sejam superiores, mais poderosos e mais importantes. Ergueu-se e, em alto e bom som, condenou todas e quaisquer políticas, sagrada ou secular – Igreja ou Estado – que punham fardos pesados nas costas dos oprimidos e esmagavam a alma dos pobres.

Os profetas contemporâneos, que seguem Alguém assim, sabem que ser ilógico é o único caminho lógico para viver o Evangelho. Segundo a lógica do nosso tempo, o trabalhador deve ganhar salário mínimo para que os negócios de bilhões de dólares se mantenham à tona. Insistem que o sensato é esperar que os pobres se sustentem, ainda que não haja empregos para os quais sejam qualificados. Afirmam ser apenas biologicamente racional as mulheres se concentrarem nas questões domésticas, não obstante os seus talentos intelectuais. Porque, afinal de contas, Deus as fez desse jeito. Como se Deus não as houvesse criado, simultaneamente, com muitos outros dons.

A espiritualidade profética de todas as eras proclama o chamado de Jesus, cujo Evangelho ilógico é, na realidade, a única coisa justa, sensata e racional em nosso meio: Jesus trouxe de volta à vida tanto os mortos-vivos quanto os fisicamente mortos. Enviou mulheres, e não só homens, para anunciar a Palavra. Criticou as leis do Templo que convertiam os cambistas e seus lucros ilícitos em parte do que era necessário para louvar a Deus. Protestou em favor dos pobres que estavam sendo explorados. E pior – neste caso, melhor – questionou as próprias leis do sábado perante aqueles mesmos que as justificavam, ensinavam e aplicavam. Os profetas, nós logo constatamos, querem certificar-se de que não há nenhum mal-entendido quanto ao que os incomoda.

Os profetas de hoje, anunciadores de um evangelho profético, sabem que realizar o que o mundo chama de "bom", ao invés do que Deus chama de bom, não fará absolutamente bem algum a ninguém.

Mas onde estão todos eles agora, esses portadores da tocha da Luz, numa época em que deles precisamos tão desesperadamente? Numa época em que refugiados, com bebês e trouxas de roupas nos braços, tropeçam nos trilhos dos trens e, agarrados às beiradas de barcos superlotados, se lançam nas águas agitadas do Mar Mediterrâneo? Onde estão os que bradam para que esses enjeitados sejam salvos?

A tentação, é claro, é silenciar esse bando estridente de mensageiros. A tentação é ser "lógico". "Racional", como nossos governos são racionais. Como se mortes desumanas e privação fossem razoáveis. Afinal, alegam os sensatos, qual a vantagem de gerar tumulto na praça da cidade, ou na escadaria da igreja? Vai servir somente para importunar ainda mais o resto das pessoas.

A pressão para ficar calado e deixar que os outros – políticos, vizinhos, "especialistas" – nos digam como devemos nos sentir em relação aos acontecimentos é bastante eficaz. Nós nos esquivamos de questões que provocam escárnio social, a exemplo de armamento, militarismo e seguro saúde para todos. Evitamos discussões sobre tópicos espinhosos como o lugar da mulher na Igreja. Permanecemos cordatos. Permitimos que a degradação e o perigo persistam sem proferirmos uma única palavra de dúvida, sem emitirmos um único sinal de desespero. Não desafiamos nada e tudo permanece incontestado. Nós nos tornamos tanto vítimas quanto algozes.

O silêncio é ensurdecedor enquanto o mundo aguarda aqueles que estão no meio da multidão erguerem a voz, se manifestarem. Até que alguém exija respostas, as perguntas continuarão sendo emudecidas por uma falsa gentileza, para o bem da aprovação social e de uma paz pública falsa.

Porém se tudo já está tão correto agora, tão justo; se "melhor é impossível", que mal podem causar algumas boas e extensas conversas sobre certos temas? Por que não falarmos sobre a posse de armas, por exemplo? Ou sobre os níveis de combustíveis fósseis? Talvez debatermos a razão da existência de um colégio eleitoral numa sociedade tecnológica. Sem dúvida deveríamos abordar a necessidade de cooperar com países menores do que os nossos neste mundo globalizado. Pergunte aos jovens, aos estudantes presentes no local de mais um massacre com o uso de armas, onde é que permanecer calado, ser bom e cordato nos leva quando os poderosos simplesmente nos dão as costas.

Melhor ainda, a espiritualidade profética questiona quem exigirá que elevemos o nível do debate público até às mais reveladoras indagações dentre todas as possíveis: para quem as coisas estão realmente boas? E por quê? E como é que a situação acabou ficando do jeito que está? E quem é que está sendo mais beneficiado pela atual conjuntura? E, principalmente, o que deve ser feito em relação àqueles cujo bem-estar resvala cada vez mais para o fundo do poço?

As Escrituras são claras sobre o tipo de discussão que Jesus suscitou na Galileia: "Na piscina chamada Betesda" – lemos nos Evangelhos – "encontrava-se um homem que estava doente havia trinta e oito anos. Quando Jesus o viu ali, deitado, disse-lhe: 'Queres ficar curado?' – Sabia-se que aqueles que entravam na piscina quando a água borbulhava ficaria curado – O paraplégico respondeu: 'Senhor, não tenho ninguém que me leve até a piscina; quando estou chegando, outro entra na minha frente'. Disse-lhe Jesus: 'Levanta-te, pega tua cama e anda...' E no mesmo instante o homem ficou curado..."

A questão é a seguinte: quem está, aqui e agora, à espera de que o "levemos" para que encontre abrigo, obtenha cuidados, aprenda um ofício, conte com creches onde deixar os filhos enquanto trabalham? Quem está à espera de que alojemos os sem-teto, estendamos as mãos aos refugiados e abramos os braços para o mundo? E, sobretudo, quem está fazendo essas perguntas às nossas instituições públicas? Em voz alta e corajosamente? Sem se preocupar com a sua própria imagem pública?

Reflexão

O que veem as testemunhas proféticas de hoje? São elas que, olhando ao redor, questionam – a despeito de quão irritante tal indagação possa soar aos nossos ouvidos – por que há tantos carentes num lugar tão rico. São essas testemunhas proféticas que passam a vida apregoando – louca e furiosamente, na perspectiva dos que preferem o silêncio – que não haverá justiça até que o resto de nós a exija.

Quem são esses profetas? Eles são aqueles pelos quais o mundo se acha à espera neste exato momento da história. São aqueles que, a exemplo de Maimônides, sabem em que ponto o racional atingiu o seu limite. Eles são você e eu. A única pergunta é a seguinte: o que você e eu faremos para reverberar o que estamos vendo e trazer a Santa Loucura à vida – para o bem de todos nós?

Você não pode nadar para novos horizontes até que tenha coragem de perder a praia de vista.

William Faulkner

5
AUDÁCIA

O eterno ícone do profeta ocupa um canto da minha mesa. A figura de corpo magro que, de braços abertos e cabeça erguida, grita para o céu, parece, aos olhos de um eventual observador, sólida, como se feita de um metal pesado, escolha perfeita para evocar alguém de poder e influência. Rija como granito, é o próprio modelo de uma personalidade imponente, uma presença considerável. Sei de várias pessoas que se encaixam nesse perfil: Teresa de Ávila, Dan Berrigan, Dorothy Day, Rosa Parks, Martin Luther King. Portanto, sem nunca me haver ocorrido questionar a natureza de tal imagem, segui pensando ter entendido o que aquela estatueta simbolizava – até, um dia, pegá-la nas mãos. Embora improvável, a estatueta quase não pesava nada. De tão leve, tive a sensação de segurar um pedaço de papelão. E talvez fosse essa a sua matéria-prima. Entretanto, não obstante o material – quer chumbo, quer papel machê – a estatueta era insubstancial. Oca.

E então compreendi. Assim, também, o espírito profético está esvaziado de tudo, exceto da Palavra de Deus, esvaziado de tudo que não implique ser fiel ao advento da vontade de Deus para a criação. Esta é a pessoa cuja intenção é entregar-se a algo maior do que si mesma. De fato, o eu não cabe aqui. Não há espaço para um projeto individual, interesseiro, egoísta. Essa é a pessoa cuja vida é impelida por uma visão que os outros ou não enxergam, ou ainda resistem em se comprometerem com qualquer coisa além de seus planos particulares.

Duas mulheres, ambas profetisas, explicam melhor a situação. Disse Catarina de Sena, séculos atrás: "Proclame a verdade e não se cale por medo". Nesta nossa era, Dorothy Day nos exortou: "Não se preocupe em gerar resultados. Apenas concentre-se em ser fiel". O testemunho profético não se refere ao engrandecimento do ego, à conquista de prêmios, ou à aceitação social. Os profetas de nosso tempo, se empenham, com destemor, única e exclusivamente, em serem fiéis à Palavra interior.

Em *primeiro lugar*, um verdadeiro seguidor de Jesus, o Profeta, é fiel; sua perseverança é incessante. Pois perseverar ele deve. Nenhuma ideia nova, a despeito de quão certa ela possa ser, a despeito de corporificar a essência da bondade, é capaz de sobrepujar, fácil e rapidamente, ideias antigas. Mais de duzentos anos foram necessários para abolir a escravidão; outros tantos anos para revogar a segregação; e agora, pelo visto, ainda demorarão anos até que o racismo, entranhado nas nossas raízes históricas, seja extirpado. Os brancos ocidentais escravizaram os negros, dominaram os povos indígenas, subjugaram as mulheres, expulsaram os muçulmanos de uma Espanha católica e perseguiram os judeus. Contudo, a promessa profética de um mundo marcado pela igualdade jamais desapareceu. As esperanças do coração humano, uma vez ardentes, nunca puderam ser extinguidas. Geração após geração, pessoas proféticas surgiram e se ergueram, século após século, para falar uma palavra de justiça. E cabe-nos agir da mesma forma neste nosso momento da história. Em nós cresce a semente da nova esperança de Deus para um mundo unido tecnologicamente, porém espiritual e socialmente em conflito. Creio que o lema do profeta deveria ser: "Se não for por nós, que seja por nossa causa".

Em *segundo lugar*, o profeta faz mais do que denunciar o mal. Pelo contrário, a espiritualidade profética antevê um mundo no qual justiça e igualdade, paz e comunidade, constituem a norma e não a luta. É o profeta de nosso tempo que, ao imaginar um novo normal, lidera a marcha para o desenvolvimento de uma visão alternativa da vida. Os profetas de hoje se preparam para a reconstrução da sociedade visualizando aquilo que é possível e induzindo os outros a enxergá-lo. Visão é o primeiro passo rumo à mudança. Ou, de acordo com o poeta E.E. Cummings, "O primeiro ato da criação é a destruição". A velha ordem – decadente e perturbadora – precisa sair de cena a fim de abrir espaço para a nova.

Então o profeta no meio de nós aponta o que é possível para que os outros percebam, reconheçam e sigam o exemplo. O profeta sabe que um único grupo, ou indivíduo, é incapaz de alimentar o mundo inteiro. Todavia o profeta contemporâneo também sabe que não há um só ato de uma pessoa pública, um só gesto de compromisso com a assistência pública, que deixe de produzir impacto. A própria audácia de conceber um mundo além do presente gera a noção de que o desejável é viável. Portanto, quem pode contestar o que está sendo realizado?

Em *terceiro lugar*, e fundamental para tudo, é o fato de que espiritualidade profética confia na graça da audácia sagrada, no movimento profético do Espírito dentro de nós, na obrigação de expressar a verdade. Enxergar a verdade demanda que digamos o que deve ser dito, não importando quem possa negá-lo. Não é pouca a coragem exigida para anunciar uma verdade diferente, para formular uma pergunta – discordante daquela que é habitual – aos nossos colegas, familiares e integrantes da nossa esfera social.

Agir dessa maneira significa nos desconectarmos de tudo o que nos moldou, de todos os que contavam conosco para manter o *status quo*. Significa nos transformamos em outra pessoa perante os que mais prezam a velha ordem das coisas.

O choque gerado por tudo isto pode alterar toda uma existência, às vezes levar ao isolamento e sempre provocar inquietude. Os convites sociais tendem a decrescer durante algum tempo para aqueles que perturbam as conversas agradáveis abordando questões consideradas incômodas – pelo menos até que esses tópicos se convertam na tendência predominante. As promoções no emprego talvez venham a escassear até o mundo ao nosso redor decidir se tais ideias são válidas. E, principalmente, o círculo de amigos não raro se estreita. Falar sobre desarmamento nuclear numa região em que as indústrias dependem disso, ou defender os direitos das mulheres na sede do Clube do Bolinha, pode segregar uma pessoa, pelo resto da vida, daqueles que preferem o velho modo de pensar.

Mas junto com a espiritualidade profética vem a graça da ousadia. Os profetas não fazem rodeios em relação à verdade, tampouco a distorcem, exageram ou a floreiam para serem ouvidos. A verdade em si basta. A verdade em si nos compromete, a todos nós, com algo melhor. Testemunhas audaciosas não se propõem a estabelecer a paz pública, quando a paz é falsa; simplesmente desafiam as classes dominantes com a verdade nua e crua. Se o sistema se defender, ou se não esboçar a menor reação, os profetas reúnem novos grupos e estes, com suas novas ideias, plantam as sementes que irão desbancar antigos conceitos. Testemunhas arrojadas partem para a ofensiva a fim de criar o que parece ser, aos olhos de alguns, a própria antítese da paz. Talvez protestem contra os clubes de strip-tease em áreas residenciais, ou defendam uma legislação que proteja os profissionais do sexo. Talvez organizem boicotes a roupas, calçados e brinquedos confeccionados por crianças trabalhadoras, as quais, ao redor do mundo, ganham centavos por dia para manufaturar produtos que serão vendidos por centenas de dólares nos países desenvolvidos. Os profetas de hoje não se esquivam de iniciar uma conversa. São a pedra no sapato das sociedades construídas sobre a iniquidade, a voz daqueles que tentam ser ouvidos. E o ruído que produzem reverbera em todas as montanhas do planeta.

Acima de tudo, não julgam ninguém. Argumentam apenas em favor da mudança, não da condenação. Não atacam ninguém e presumem que todos nós agimos movidos por bons motivos, ainda que alguns de nós acabemos atolados em ideias destrutivas.

Por fim, os profetas não se desesperam. Sabem que o tempo de Deus não é o nosso tempo; compreendem que as mudanças acontecem em etapas. São Paulo é realista quanto a isso. Alguns de nós semeiam, diz ele. Então a geração seguinte rega a planta. Todos nós alimentamos a esperança de que a colheita seja em breve. Todavia, no decorrer deste período de espera, longo e demorado, não vacilamos na fé de que o Espírito de Deus está conosco e que o tempo de Deus está próximo.

E o que fará com que esse tempo chegue? Somente o compromisso de nossos profetas, e suas comunidades, de se conservarem firmes na vocação de abraçarem "a dimensão profética da Igreja". Para tal, os profetas proclamam a verdade do Evangelho e não se calam por medo.

O que Thomas R. Kelly descreve como "a mediocridade mansa e moderada da maioria de nós" dá lugar ao rufar da justiça que se avizinha, lentamente talvez, porém inevitavelmente – para os pobres, para os marginalizados, para os esquecidos. Para nós.

Reflexão

Sim, encontrar a coragem de proferir a primeira palavra da verdade em público exige de nós reunirmos todas as nossas forças. Descobrimo-nos, também, precisando aprender a dizer, com calma e clareza, "Penso de modo diferente sobre este assunto", e depois explicar o porquê. Pois é levantando a questão e reivindicando o direito de pensar de maneira divergente que se desperta a atenção e se abrem os corações. Não se trata de um ataque a ninguém; é meramente uma declaração de que falta algo na vida divina que afirmamos viver. É um chamado à consciência e ao senso moral.

Um navio no porto está seguro, mas não é para isso que os navios são construídos.

John A. Shedd

6
AUTENTICIDADE

Desde os tempos antigos até o presente, os profetas, em todas as sociedades, têm sido costumeiramente difamados. Chamados de estranhos. Chamados de extremistas. Chamados de traidores. Chamados de agitadores. Chamados de bizarros. E, acima de tudo, instados a "terem cuidado, serem pacientes e agradáveis", enquanto os nossos pecados mais invisíveis supuram em nosso meio. As Escrituras, entretanto, são dolorosamente explícitas e, em 1Coríntios, nos advertem: *"Se a trombeta emitir um som indistinto, quem se preparará para a batalha?"* Que antídoto para o pecado social, para a impiedade dos governos, para o descarte de populações de esquecidos poderá ser algum dia ouvido, se ninguém gritar seu nome?

Trata-se, quando muito, de uma lista nebulosa de rótulos. Ser "louco pela vida" parece um pouco irrefletido, porém divertido. Ser "extremista", numa era de extremismos, pelo menos é *chic*. Revoltar-se contra o *status quo* tem sabor de independência pessoal. Mas ser "agitador" em tempos de complacência – a história assim o registra – é um presente para toda a sociedade.

Nos Estados Unidos, por exemplo, os profetas têm uma história importante: passaram anos comprometidos com a abolição da escravatura e com o movimento sufragista, anos reivindicando o fim da guerra e o controle da proliferação do armamento nuclear. Hoje a lista é ainda mais longa. Nossos profetas clamam por uma nova consciência em relação às mudanças climáticas e à preservação dos oceanos. Em nome da criação, resistem e lutam contra a extinção de espécies animais. Lado a lado conosco, marcham pelas ruas demandando assistência aos refugiados num planeta em constante mutação. Comunidades religiosas, Igrejas e grupos intencionais – para os quais a própria definição de compromisso implica uma postura profética perante a deterioração moral da sociedade que os cerca – são proféticos por natureza. Sabem que oração e profecia devem ser almas gêmeas. Caso contrário, ou a sua vida de oração se reduzirá à mera repetição de fórmulas, ou os seus ministérios sagrados irão encolher por falta de um Espírito vivo em seu íntimo.

Paralelamente, a espiritualidade profética – o repúdio público do mal social por grupos espirituais em nome de ideais religiosos – tem, com demasiada frequência, resvalado numa espécie de piedosa indiferença. Os sinais são evidentes: "Esta questão é política, não religiosa", costumamos ouvir daqueles que tentam dissociar obrigações espirituais de medidas políticas. "Este não é nosso papel", escutamos dos que tentam justificar a distância entre grupos marcadamente espirituais e problemas sociais. Como se o que acontece no mundo não fosse da alçada dos líderes espirituais. Ou então nos escondemos atrás de uma falsa humildade: "Outras pessoas entendem melhor deste assunto", afirmamos, com o tipo de "humildade" que serve apenas para nos eximir da responsabilidade pela humanidade.

Nenhum profeta bíblico, jamais, disse tais coisas, mesmo quando duvidando da própria capacidade de articular os tópicos polêmicos tão bem quanto seus pares. Aliás, longe disso. Os profetas eram claros, ao ponto da indignação, quanto ao lugar do testemunho espiritual na esfera pública.

Amós, por exemplo, não se furtou em profetizar quando Israel estava no auge do seu poderio e nadando em prosperidade. Argumentando que o povo fracassara em admitir para si mesmo a fonte de sua prosperidade, afirmou que a riqueza de Israel provinha de "crimes de guerra", "confiscos" e de "subornos no portão", onde os anciãos sentavam-se para julgar os processos e proferir decisões corruptas.

"Não procurem em Betel", bradou Amós aos israelitas, implicando que de nada valeria uma visita ao santuário.

"Não vão para Gilgal", emendou, enfatizando que nenhuma peregrinação perdoaria o fechar os olhos à injustiça.

"Não viajem para Berseba" – o local de sacrifício –, reiterou ele, deixando implícito que já não haveria sacrifício capaz de salvá-los. Em vez disso, "permitam que a justiça reine no portão da cidade".

Este é um ataque cáustico à falsa piedade, àqueles que, de um lado oprimem os pobres e do outro dão espórtulas às instituições religiosas. Àqueles que ignoram os pobres e, no entanto, estão sempre de terço na mão. Ou, ainda pior, àqueles que se considerando "religiosos", nada fazem pelos destituídos, para quem a defesa e a voz das pessoas religiosas são a única esperança.

Amós também nos chama a examinar as raízes da nossa segurança. Incita-nos a nos perguntarmos que atitudes tomamos para que o menor dentre nós tenha acesso à justiça. Instiga-nos a perceber os trabalhadores mal remunerados ao nosso redor, convida-nos a partilhar os nossos próprios bens e riquezas, nossos recursos e dinheiro, em prol do progresso de nossos semelhantes. Amós insiste que comecemos a enxergar.

É impossível indagar o que o profetismo exige de nós hoje, a menos que encaremos a situação de frente e nos perguntemos com o que devemos nos ocupar, visto ninguém mais estar tomando qualquer iniciativa.

Compreender o presente – seus males e pecados – é a essência de uma vida espiritual profética. Ser seguidor de Jesus e ignorar os cegos que pedem ajuda à beira do caminho, alegando estarmos ocupados demais para atendê-los, apenas desmascara o nosso compromisso com o conforto. A indagação não é "O que *estamos* fazendo?", e sim "O que *devemos* fazer", neste momento, neste dia, nesta circunstância em particular?

A indagação não é "Como podemos fazer tudo isso?", e sim "Nós fazemos alguma coisa, por menor que seja, para ajudar a curar as feridas do mundo?"

O Profeta Isaías condenou publicamente o militarismo profissional. Os exércitos usavam rampas para abrir brechas nos muros das cidades e aríetes para derrubar os seus portões; arcos aprimorados para matar os incautos; treinavam e disciplinavam seus soldados para atacar inimigos e massacrar inocentes. Perante tudo isso, Isaías se desesperou. Israel "comeu, bebeu e se alegrou", denunciou o profeta. O povo ignorou as necessidades humanas ao seu redor. Comemorou a derrota alheia. Desistiu de buscar estabelecer uma comunidade humana por amor a um poder desumano.

Afluência irresponsável, ganância corporativa flagrante, xenofobia e militarismo doloso também anestesiam a mente moderna. O que seria necessário para os profetas religiosos de nossa época arriscarem a própria aprovação pública a fim de instar a alma da nação a enxergar suas obrigações de maneira diferente num mundo globalizado? No âmbito universal? E, se este for um mandato espiritual, por que não há grupos religiosos executando-o?

Os profetas bíblicos nos desafiam dia após dia: em prol de quem nos erguemos em nossas comunidades? E o que fazemos a respeito? E quem o sabe?

Como agimos diante das corporações globais que usam mão de obra internacional, mas pagam salários de fome? O que dizemos quando a legislação nacional põe a carga tributária nos ombros dos pobres? Que resenhas escrevemos? Que vigílias de oração promovemos? Que legisladores pressionamos para que ocorram mudanças?

Vivemos num mundo nuclear. Os grupos religiosos não nos ensinam, ecoando o Papa João XXIII, que "as armas nucleares são um pecado contra a criação", e não apenas uma opção militar inócua? O nosso é um mundo imerso num rápido processo de superaquecimento. Quem dentre nós – que se autodenomina religioso e afirma buscar uma vida espiritual – manifesta-se, educa, encaminha petições, ou boicota empresas cuja ganância é a raiz de todas essas políticas que ameaçam a vida? Vivemos num mundo em que o entendimento de gênero e sexualidade está mudando. Quem, dentre nós, apoia a necessidade de trazer mais mulheres para as mesas de tomadas de decisões do país? Mais cidadãos transgêneros para a arena pública, tanto na esfera política quanto social?

E, sobretudo, o que pensamos ser a vida espiritual senão o envolvimento com tais questões? Quando grupos religiosos abriram escolas em países onde educar os destituídos não constituía a norma da época, essa foi uma ação profética, ainda que não abertamente religiosa. Quando grupos de viés espiritual começaram a fundar hospitais, cuidar de indigentes sem nenhum apoio do governo, revelou-se uma obra profética. Quando homens e mulheres espiritualizados se deslocaram até as periferias com o intuito de organizar a comunidade pobre, ser a voz dos que não tinham voz tornou-se um ato profético.

Novamente vivemos um momento moral. Na realidade, todo momento é moral, porque cada um deles envolve uma decisão. O fato é que agora não podemos parar de formular essas perguntas e sermos autenticamente espirituais. Negligenciar a necessidade de estancarmos as feridas sociais do nosso próprio tempo; omitirmo-nos em adotar as medidas públicas fundamentais num mundo de populações crescentes e de pobreza em constante progressão; e, ainda assim, insistirmos em nos declararmos pessoas espiritualizadas e "protetores dos pobres" só pode ser uma piada de extremo mau gosto. A cada geração, Jesus continua perguntando, sem cessar: "E você? O que você fará?" Não podemos presenciar a injustiça e nos calarmos. Não se somos real e verdadeiramente seres espirituais, e não apenas atores devotos de uma peça chamada "Igreja".

John Ruskin escreveu: "Enxergar com clareza é poesia, profecia e religião; tudo em uma coisa só". É essencial à poesia expor o invisível. Se a nossa espiritualidade é verdadeira, se o nosso coração é sincero, enxergar exige uma resposta profética. Se a nossa alma é a alma de um profeta, iremos nos erguer e proclamar a Palavra de Deus em favor da justiça, da paz e dos pobres, onde quer que estejamos. Não obstante o preço que tenhamos que pagar.

Reflexão

A profecia nada mais é do que o cristianismo no seu melhor. É João Batista urgindo: "Preparem o caminho do Senhor". É Jesus discutindo com os fariseus sobre guardar o sábado. Somos você e eu tentando adotar uma posição contra uma sociedade em que o dinheiro flui para o topo enquanto o pobre, na base da pirâmide, anseia por ter suas necessidades básicas satisfeitas. Somos chamados a viver a Palavra nós mesmos, a enunciar uma palavra de profeta, para que os outros tenham uma vida melhor por nossa causa. Caso contrário, usamos um modelo incapaz de descrever, de fato, a pessoa verdadeiramente espiritualizada da tradição judaico-cristã. O que não passa de uma camuflagem do conforto religioso, pois converte num *spa* a vida religiosa, confundindo as sensações fáceis e agradáveis do seguimento de Jesus com o trabalho árduo de cuidar do mundo. Afinal, Deus não terminou a criação. Deus nos criou para que possamos terminá-la. Abandonar e descartar pessoas, ideais, comprometimentos, enfim, a mesma criação da qual nos cabe cuidar? Que tipo de espiritualidade é essa? Praticamente nenhuma.

Mente-se com palavras e também com o silêncio.

ADRIENNE RICH

7
APOIO E INTEIREZA

Aqueles que, estando no centro dos acontecimentos, dizem a verdade sobre a tempestade que ali ruge, não podem esperar viver a vida sem serem fustigados pelos ventos. Aqueles que proclamam uma mensagem diferente da oficial – em quaisquer instituições – não podem esperar que estas os amem. As instituições existem para preservarem-se a si mesmas. Os profetas falam sobre reformar a instituição. Portanto, estão num curso de colisão de almas.

A realidade é que as instituições são um fundamento importante de qualquer sociedade. Todavia, é também correto afirmar que os profetas de todas as sociedades são os vigias de suas instituições. Quando as organizações perdem o rumo e ignoram as suas próprias razões de existir, convertem-se no problema e não na solução dos males sociais. Quando os governos equilibram os seus orçamentos militares lançando o fardo sobre os ombros de mulheres e crianças, tornam-se, na prática, ainda que inconscientemente, os opressores de uma população incauta. Então é obrigação do profeta disparar o alarme.

As instituições estão sempre atentas aos seus traidores, por medo de que a exposição de uma ferida aberta possa prejudicar toda a entidade. As Igrejas, por exemplo, punem os profetas que denunciam os seus delitos. Escondem a pedofilia porque a instituição, e a sacralidade do clericalismo, lhes parecem mais importantes do que as crianças que sofrem. Preferem o rígido cumprimento das leis da Igreja à inclusão de casais divorciados, recusando-lhes, desse modo, conforto espiritual ao longo da caminhada. As mulheres são relegadas a um papel secundário no plano de Deus para o discipulado, a despeito do modelo de Jesus e de sua abertura à atuação das mulheres como líderes espirituais. Os governos endurecem quando pessoas de fora contam os seus segredos internos. O antiamericanismo da ética da guerra americana, a revelação da história de interferências da CIA em outros governos, o ataque de um departamento do governo a outro; tudo isso corrói a solidariedade americana. O Congresso nada faz exceto politizar as brigas pelo partidarismo, ao invés de promover justiça para todos. As corporações processam os denunciantes, quando suas palavras se aproximam demais da verdade.

Por outro lado, espectadores e testemunhas costumam relutar em falar uma verdade amarga por receio do que possa acontecer depois.

Então por que fazê-lo? Por que alguém se arriscaria a arrancar a máscara enganosa do mundo, negando-lhe, assim, a sua inocência? Porque é o que devemos fazer. Porque permitir que o mal floresça é o maior de todos os males. Porque, como dizem os rabinos, "Salvar uma vida é salvar o mundo inteiro".

Gustavo Gutiérrez – teólogo peruano, considerado um dos fundadores da Teologia da Libertação – escreveu: "A linguagem mística expressa a gratuidade do amor de Deus; a linguagem profética expressa as demandas que esse amor faz". E são inúmeras as demandas. Sim, a vida espiritual é um caminho místico para Deus, porém é desonesto refutar, até para nós mesmos, as exigências da sua dimensão profética. A vigência de um aspecto sem o outro é simplesmente impossível; algo constrangedoramente incompleto. É no vínculo entre essas duas dimensões da genuína espiritualidade que jaz a inteireza da vida cristã.

A profecia pode ser uma tarefa muito solitária. Há pouco, ou nenhum, aplauso público na casa imperial reservado a quem anuncia que o imperador está nu. Para os que entendem a necessidade da espiritualidade profética, o caminho para o futuro é estreito, sejam quais forem as circunstâncias. Compreender que ambos aspectos da vida espiritual – tanto a dimensão sacramental quanto a profética do comprometimento espiritual – devem caber dentro dos confins da alma, traz maturidade espiritual, quando dantes a religião – para o seu próprio e gratificante bem – habitava esse espaço, solitária e silenciosamente. Contudo, uma vez soada a trombeta, esta se transforma numa jornada tenaz daquele dia em diante.

O que a espiritualidade profética mais exige de nós é força para ir contra as mesmas multidões que nos moldaram. O arauto espiritual começa a falar uma linguagem diferente daquela adotada pela sociedade circundante. Existem argumentos a explicar e ideias a defender. Em toda parte. A toda hora. As pessoas que sempre pensaram conhecer você – professores, membros do clero, amigos de escola, colegas de trabalho e até familiares – ficam confusas com a sua mudança de rumo. Mostram-se consternadas.

Para completar, uma vez proferida publicamente, a palavra não pode ser desdita. Tampouco se trata de uma palavra neutra neste presente instante, neste lugar. De repente você é "feminista", com todo o comportamento hiperbólico que o estereótipo implica quando, na verdade, se vê, no máximo, como um amigo das mulheres, alguém que considera desleal pagar salários desiguais para trabalhos iguais. Aliás, não apenas desleal, mas injusto. De repente você é rotulado de "pacifista", acusado de covardia, apesar de ser preciso um bocado de coragem para falar em nome dos inocentes que se tornaram bucha de canhão das guerras modernas. Eis que você é "verde" e agora, preocupado com os efeitos provocados pelas grandes empresas petrolíferas internacionais, acabou indo parar na lista negra de todos os empregos para os quais se candidata. Tachado de "sindicalista", você suspeita das táticas empregadas nos grandes negócios. E, como se não bastasse, você teve a audácia de passar a expressar suas convicções. Tais posicionamentos, embora resultantes de séculos de maus-tratos e má gestão, ainda consomem muito tempo para serem esclarecidos. Desse modo, as explicações não só se reduzem a umas poucas frases, como o círculo de ouvintes também encolhe. As pessoas demonstram cortesia, mas não um interesse pessoal no assunto.

É um momento amargo para aqueles que já arriscaram tanto para iniciar uma conversa há muito necessária, há muito subjacente. É um momento desolador, não raro marcado pela falta de amigos e sempre carregado de tensão. É um momento em que o apoio da comunidade – de uma comunidade de proclamadores proféticos da verdade – é a única resposta para um coração anuviado pelo ônus de dizer a verdade.

Para que o profeta se conserve firme durante o longo processo que antecede o alvorecer da preocupação pública com uma questão ignorada por demasiado tempo, quatro elementos requerem atenção. Apenas uma vida espiritual robusta, bons amigos, distanciamento do problema e riso, são realmente capazes de agir como um bálsamo para o coração e renovar o vigor da alma.

A imersão em Deus basta para suavizar o peso da rejeição. Deus é o único companheiro que compreende a sensação de vazio proveniente do repúdio daqueles de quem tínhamos o direito de esperar apoio. A oração – o clamor dos salmistas; a imagem de Jesus sitiado e, no entanto, imperturbável – nos faz lembrar em benefício de que grande causa nos revestimos de tamanha ousadia.

Somente Deus, então, se torna a tábua de salvação que nos sustenta em face de tal antagonismo. A Palavra de Deus se transmuda no combustível da nossa fé, no alicerce sobre o qual repousa nossa esperança. A vontade de Deus para o mundo confere propósito a essa abordagem tão simples, arrojada e despojada da verdade. É esse novo relacionamento com Deus que nos dá um rumo, que fortalece os nossos pés para a jornada.

Ao mesmo tempo os amigos, os bons amigos, o tipo com quem nos sentimos igualmente confortáveis falando sobre um determinado assunto até a completa exaustão, ou não falando coisa alguma a respeito, são capazes de reduzir quase a zero o peso da solidão que nos assola. Por causa de sua companhia acolhedora, amorosa, atenciosa, sólida, não há necessidade de usarmos nenhum subterfúgio. Não há necessidade de fingirmos ser fortes, quando a própria fraqueza é uma espécie de graça. Não há espaço para a arrogância onde a fraqueza é permitida. Não há a tentação de sermos fragilmente corajosos. Podemos ser nós mesmos sem estresse, sem discussões, sem criticismos, sem expectativas.

Amigos são aqueles que nos amam a ponto de confiar no que estamos fazendo, ainda que não compreendam completamente as implicações de nossas ações. Eles falam para nós, por nós e conosco. Amparam-nos numa teia de segurança. E tornam possível a vida, com toda a sua peculiar balbúrdia.

Amigos como esses nos mantêm enraizados na realidade. Proporcionam-nos o espaço e a sensação de estabilidade que a contemplação demanda. Concedem-nos oportunidades de repensarmos tudo, de nos perguntarmos, outra vez, o que a vida exige de nós, o que a moralidade exige de nós, o que a coragem exige de nós. Novamente conscientes dos motivos mais íntimos da alma, o óbvio se revela: não há para onde ir – exceto em frente. Cercados de amor e confiança, o fracasso já não é mais uma opção, ou possibilidade. A solidão já não é mais um obstáculo à proclamação da verdade.

Amigos são imperativos, sim, por razões evidentes. Mas o distanciamento é também um bálsamo, tanto quanto a presença das pessoas. O profeta nos recorda que afastar-se regularmente da questão – refugiando-se em lugares onde o problema não pode intrometer-se – é parte da equação, pois a vida continua. Além deste momento difícil, o restante do tempo destina-se ao que faz de nós plenamente humanos. O restante do tempo é feito para cantar aleluia, não para nos lamuriarmos.

E, por fim, o riso, a "tecla deletar" da alma, que limpa o nosso sistema das impurezas do dia e traz uma nova perspectiva da vida. Em alto e bom som, o riso nos diz que existe um mundo lá fora, ainda cheio de luz e amor. Levar esta luz, amor e riso para o mundo que nos rodeia só alivia o fardo em nossos ombros. E assim, como um farol, iluminamos aquilo que o restante do mundo espera, tão logo todos nós, juntos, nos determinemos renová-lo.

Reflexão

O questionamento, obviamente, é o seguinte: Como sabemos que temos apoio e que esse apoio é verdadeiro; que um novo futuro está pendente e se avizinha? A resposta é igualmente óbvia: o ato profético sempre leva o mundo à inovação. Nada permanece o mesmo depois que a alma profética se levanta e expressa a sua verdade. Então tudo é mutação, é verdade. E assim, com esta mesma certeza, por fim, em algum momento, uma nova luz adentra as trevas e as pessoas começam a enxergar, possibilitando, mais uma vez, o avanço da jornada humana na direção do Reino de Deus. A Palavra foi dita e, pelo menos por alguns, ouvida. É evidente que, quando o profeta comum, simples e perspicaz fala, a visão de Deus se torna novamente presente e a criação dá outro salto adiante.

É ao se reconciliar com a sua outra metade, que você experimenta, imediatamente, a sensação de inteireza e plenitude.

ANDREW COHEN

8
AUTOENTREGA

Madre Maria Skobtsova, religiosa ortodoxa, vive a essência da mentalidade profética. Escreveu ela: "Eu, Deus, sou sua mensagem. Lance-me como uma tocha ardente no meio da noite para que todos possam ver e compreender". Há muito pouco o que falar sobre o verdadeiro profeta, e sobre a ação genuinamente profética, além disso. É essa Palavra que ecoa em cada alma. É esse o chamado para ser um proclamador da verdade.

Ah, mas são tantas as coisas no mundo eletrônico de hoje que gostariam de se passar por verdade.

Madre Skobtsova aborda todos os elementos necessários para que sejamos autênticos num universo em que a simulação impera. Nesta nossa era, vemos vigaristas se dizerem ricos quando seus contadores sabem que eles devem mais do que, algum dia, poderiam pagar. Observamos políticos se pavoneando de entrevista em entrevista, fingindo ter soluções a despeito de nada mudar para as pessoas a quem servem. Observamos personalidades da TV posando de especialistas, como se realmente tivessem a influência que lhes é atribuída. Observamos os burocratas desfilando em seus carrões e tentando parecer importantes. Observamos os críticos de plantão irem e virem, à espera da "próxima grande ideia" para ser analisada e solapada antes mesmo de termos a chance de colocá-la em prática. Tudo é representação.

Há algo de triste nesse cenário. Algo que nos leva a perguntar, repetidas vezes: o que, de fato, é real? Será que toda a nossa vida é virtual agora, quase nunca factual, sempre parte farsa, parte encenação?

Evidentemente o nosso mundo opera com imagens e tais imagens são hoje corriqueiras.

Porém o mundo não para e anseia pelo que é genuíno. Desejamos escutar uma voz real ao telefone, e não uma gravação. Esperamos que a verdadeira realidade seja anunciada na publicidade. Queremos madeira e pedra reais, honestidade e pessoas reais. Tudo isso é importante. Todavia, tudo isso é raro atualmente. Muito raro.

Portanto, parece importante olhar, com atenção, para o que um profeta autêntico é e o que constitui um ato profético a fim de que todas as imagens não nos confundam e possamos, assim, insistir que todos os nossos protestos são, em si mesmos, verdadeiros.

Um ato profético alinha o mundo com a vontade de Deus – ainda que seja ignorado na arena pública. A alma profética segue os passos de Jesus, que discutiu com os fariseus sobre as leis que violavam as tradições mais importantes da Torá. Jesus, por exemplo, contestou o *korban* – uma taxa cobrada pelo Templo que eximia a geração mais jovem da obrigação de cuidar dos pais idosos, desde que doassem o dinheiro ao Templo. Essa amostra engenhosa de sofisma religioso não só desafiava o mandamento "Honrar pai e mãe", como enchia os bolsos de quem atuava no Templo. Esse tipo de conflito entre a Palavra de Deus e a hipocrisia daqueles que se arvoram de justos – mas não o são – há séculos tem sido a base dos protestos populares.

Comprometidos em seguir Jesus, o Pacificador, muitos cristãos manifestaram-se contra a articulação da extrema direita para unificar o movimento nacionalista branco. Sempre de forma pacífica.

Anos antes, em busca de igualdade e justiça, os negros americanos, e seus partidários brancos, marcharam, em massa, pelos Estados Unidos, sendo surrados, alquebrados e assassinados ao longo do caminho – sem revidar. Na década seguinte, muitos cristãos se insurgiram contra a pena de morte em nome de Jesus, o Misericordioso, sem, no entanto, propor a destruição do próprio Estado. Muitos se recusaram a pagar taxas que estavam sendo usadas para abastecer uma máquina de guerra nacional. Outros contestaram a legalização do aborto, considerando-o um pecado contra o mandamento "Não matarás", embora negando-se a pedir a cabeça dos médicos abortistas.

Em todos esses casos há uma particularidade absolutamente clara: o ato profético destina-se a devolver ao povo a consciência da lei de Deus. Entretanto, o ato profético em si não causa mal algum a ninguém. Pelo contrário.

A ação profética é sempre realizada para o bem dos outros: para salvar vidas em guerras injustas; para proteger os fetos da destruição arbitrária; para evitar que a punição acabe reduzida a uma medida de vingança civil, ao invés de um ato de reabilitação; para imbuir o Estado de integridade e viabilizar a justiça para os seus cidadãos.

Neste século, quando os recursos de que dispomos – mão de obra, produtos alimentícios, minerais, combustíveis – estão sendo sugados das partes mais pobres do planeta e levados para as regiões mais ricas e desenvolvidas, os perigos são maiores do que nunca. Umas poucas empresas, dos mais variados tipos, controlam o fluxo de mercadorias e a porcentagem de lucro em todos os lugares. Vivemos, novamente, num sistema feudal gigantesco e moderno. Só que, desta vez, é uma estrutura armada até os dentes.

Também vivemos em meio a uma série de ações proféticas, ações concebidas para obter a atenção universal, para pressionar e desencadear mudanças, para alertar o mundo sobre o perigo em seu seio. Fotos publicadas na mídia mostraram as técnicas de tortura usadas no mundo contemporâneo, inclusive nos Estados Unidos que, não obstante as renegassem, permitiram que outros países as executassem em seu lugar. Então, graças aos profetas do nosso tempo, documentos secretos vazados expuseram a fraude política de governos que costumavam ser vistos como benignos. As pessoas comuns acamparam nas praças públicas para chamar a atenção para os governos autocráticos e as práticas bancárias que empobreceram os já pobres. Durante anos a fio, as mães da Praça de Maio alardearam o desaparecimento de seus maridos e filhos para o mundo inteiro. Os apelos à comunidade humana para a questão das árvores e dos oceanos, da poluição, do estupro e do tráfico de pessoas – de adultos e crianças – partiram de um *tsunami* de profetas modernos.

E em todos esses casos, os profetas da nossa era padeceram do castigo procedente dos sistemas cuja desonestidade e sofrimento ocasionado ao ser humano eles trouxeram à luz. "Não causem mal", tornou-se o seu mantra sagrado.

Eis a pergunta: Onde estamos você e eu – os portadores da espiritualidade profética – em meio a tudo isso?

O profeta sempre busca o bem maior, a vontade de Deus e a salvaguarda do povo. Essa é a marca do profeta.

Ao mesmo tempo, não há nada profético em nos transformarmos naquilo que dizemos odiar. Não há nada de piedoso em assassinatos e mutilações, em causar danos a pessoas e propriedades, em desencadear caos e anarquia enquanto afirmamos buscar paz e justiça. O profeta empenha-se em resolver um problema – não importunar, irritar e repugnar aqueles de quem a atenção é a chave.

O profeta é claro, direto e não violento. Não há sinal de egoísmo nas suas ações. Pelo contrário! Quase sempre há perda de *status* social e aumento do nível de rejeição pessoal, além da punição legal dos governos que ele denuncia. O profeta paga o preço social imposto pelas sociedades ainda cegas diante da própria violência, ainda inconscientes de seus pecados sociais. E age assim para revelar as raízes sistêmicas da violência que confronta.

O profeta não estabelece tais cursos de ação visando o autoengrandecimento. Não procura notoriedade nem prestígio pessoal. Pessoas assim não se lançam ao perigo, físico e social, para alcançar um tipo de fama barata e inútil. Não desejam obter lucro arriscando a reputação e a segurança pessoais.

Acima de tudo, o profeta não é impetuoso, agitador, descomedido ou psicologicamente desequilibrado. Não! O profeta está totalmente imerso nas profundezas espirituais da tradição. Impulsionado pela oração que reza: "Faça aos outros o que gostaria que lhe fizessem", abre mão de parte da própria vida pessoal para melhorar a vida de seus semelhantes e realinhar o mundo com a vontade de Deus. O profeta é um exemplo vigoroso da vida espiritual com um propósito tão amplo quanto a vida ao seu redor.

As perguntas para as pessoas espiritualizadas de hoje são simples: Que mensagens os outros recebem de nós? Que céus iluminamos para que os outros possam encontrar o caminho para uma nova paz e uma justiça transparente num mundo violentamente injusto?

Reflexão

O profeta em nós não é um agitador, um anarquista, um traidor. O profeta nos chama a ser o melhor que dizemos ser. O profeta nos confronta com a profunda bondade de nosso chamado comum à santidade, ao amor ao próximo, ao compromisso com a vida do mundo inteiro. O profeta não busca conflito, violência, desordem. E quando tais coisas acontecem, recaem na cabeça do próprio profeta. Mas que imagem mais grandiosa existe – como nos assevera Jesus – do que "os que dão a vida por seus amigos?"

Sacrifiquemos o nosso hoje para que os nossos filhos possam ter um amanhã melhor.

A.P.J. ADULKALAM

9
PACIÊNCIA

É fácil se encher de eloquência ao falar sobre o lugar que o profeta ocupa na consciência da comunidade e no desenvolvimento da sociedade. Um pouco mais difícil é explicar como tal desenvolvimento ocorre. Na realidade, a história registra o óbvio: não raro nada acontece até bem depois de o profeta que iniciou o movimento haver sumido de cena. E é aí que está o problema. A espiritualidade profética não é um passaporte para sair à procura de satisfação pessoal, caso você considere autossatisfação sinônimo de sucesso ou de *status*.

Dois fatores são relativamente claros quanto ao processo da profecia. Conforme escreveu Jean de La Fontaine: "Paciência e tempo dão mais resultado do que força ou ardor".

Para início de conversa, tenhamos em mente que a espiritualidade profética está repleta de criticismo e conflito. A profecia implica uma esgarçadura do *status quo*. A vida, como quer que tenha sido antes de o profeta erguer sua voz, jamais voltará a ser como antes. A mudança começa com o primeiro brado de descontentamento e desaprovação. Depois disso, o assunto nunca mais poderá ser suprimido. O silêncio chegou ao fim. Todas as tentativas de conservar a aparência de inocência chegaram ao fim. Com aquele clamor solitário, uma das grandes máscaras da sociedade foi arrancada, a tramoia esfacelada. O verniz de igualdade e a fachada de justiça, de aceitação ou de liberdade, se rasgaram em dois, como o véu do Templo na Sexta-feira Santa.

Esse clamor ressoa por toda a nação quando, no ônibus, uma mulher se nega a ceder o seu "assento para pessoa de cor" a um homem branco. Esse clamor principia quando o primeiro estudante se recusa a ser convocado para uma guerra injusta; quando crianças tomam posição e refutam os argumentos mentirosos de políticos e comerciantes de armas que tentam disponibilizar as próprias armas que as matam em suas escolas. Esse clamor se avoluma, torna-se maciço e constante quando a comunidade se reúne para protestar contra a morte de mais um jovem negro e desarmado.

Sim, este é o momento em que o mundo gira em seu eixo e olha para si mesmo. Contudo, em primeiro lugar, o mundo ouve a voz do profeta – em alto e bom som – apontando um caminho novo e mais santo. É evidente que o criticismo chega rápido e cortante. "Quem é você para falar assim?", o sistema exige saber. "Não se atreva a tentar nos tirar os nossos direitos!", os acomodados reclamam. "Você não vai se safar dessa", juram os poderosos. Tão depressa quanto as ameaças são feitas, tudo o que o proclamador da verdade diz é demolido, contestado, desprezado ou, no mínimo, rejeitado. A reação do sistema é palpável, visceral, imediata, explícita. "Livrem-se desses estranhos. Expulse-os, se necessário. Cale-os a qualquer preço." Por quê? Porque o profeta ousou arrancar o véu que esconde a face do mal que, a despeito de já conhecida, todos se negam a expô-la. Sempre que há pouca, ou nenhuma necessidade pessoal de enfrentar um determinado assunto, as pessoas preferem evitá-lo.

A atitude de engajar-se num debate sobre o que não pretendemos mudar é, em si mesma, uma admissão tácita de que existe algo com o qual vale a pena lidar. E tal coisa é intolerável.

Assim todo mundo se afasta, finge não ouvir a pergunta, ou enxergar o problema, ou considerar o tópico merecedor de atenção. Portanto, recusamo-nos a debater a raiz e a força do terrorismo e, num esforço de erradicá-lo, simplesmente vamos mandando mais e mais jovens para a morte. Ou nos eximimos de tratar, aberta e racionalmente, da desigualdade salarial entre homens e mulheres, ou a falar sobre as competências de liderança. Ao invés disso, criamos famílias trabalhadoras de segunda classe e empresas sem rumo. Alegamos não ser racistas, mas nada dizemos sobre o porquê de nossas prisões estarem lotadas de negros detidos por delitos que os brancos também cometem sem que acabem na cadeia. Mantemos as mulheres à margem do culto e não nos pronunciamos sobre as distorções no discurso teológico sobre as mulheres na Igreja.

A lista de flagrantes contradições da nossa sociedade é grande e continua crescendo. Entretanto há pouca, ou nenhuma, discussão sobre a irracionalidade de certos aspectos da vida que o tempo e a tradição tornaram inatacáveis: ter porte de qualquer tipo de armas, afirmamos nós, é um direito inato de todo cidadão, e este não será processado mesmo se resolver caçar animais com uma arma automática de uso militar. Refugiados originários da maioria das regiões não ocidentais do planeta não são dignos de confiança por serem muito diferentes de nós, ainda que todos nós venhamos dos mais diversos lugares, ou que tenha havido uma época em que os católicos eram tão temidos nos Estados Unidos quanto os muçulmanos o são hoje. A pena de morte é um dissuasor de assassinatos, insistimos, apesar de haver menos homicídios nos estados em que não há pena de morte do que naqueles em que essa punição vigora. Armas nucleares são caras, admitimos, porém um item necessário à segurança nacional. Todavia, porque as estocamos aos milhares, desviamos muitos recursos de outras dimensões da vida como assistência médica, oportunidades educacionais, centros de desenvolvimento social.

As pessoas que se envolvem nessas questões, que defendem essas mudanças, que levantam essas discussões, não tardam a deparar com a resistência. O clamor em cada um dos casos é simples e fundamental para a fé, não obstante o seu tremendo impacto. As Escrituras nos asseguram de que "Tudo aquilo que você faz ao menor de meus irmãos, é a mim que você faz". O modo como tratamos, ignoramos, ou deixamos de apoiar os que não têm voz ou poder em nossa sociedade é, exatamente, a medida pela qual seremos julgados, conforme está escrito no Evangelho de Mateus. A reação é instantânea: "Não em nosso bairro", os vizinhos sentenciam. "Nada de sopão defronte à escola", decidem os pais. "Casas para os sem-teto nesta área da cidade não", determina a vereança local. Todos eles são bons cristãos, todos orgulham-se de frequentarem e fazerem doações para a Igreja, todos orgulham-se de terem os filhos crismados, todos são atuantes em instituições civis de caridade. No entanto, essa gente não fala nada sobre a relação entre caráter e consciência no exercício da presidência de seu país.

Então há outra perspectiva do processo a considerar. O profeta deve aprender a ser autocrítico. Como a mensagem foi apresentada? Quanto tempo de elaboração até que o projeto fosse proposto às pessoas? O que mais poderia ter sido feito a fim de prepará-las para a escuta da mensagem? O que deve ser feito agora para que tanto os deficientes mentais quanto os proprietários de imóveis de um mesmo quarteirão se sintam acolhidos?

O profeta precisa aprender que estar certo não justifica ser insensível. Tampouco é eficaz. No final das contas, as tensões permanecem, as pessoas de ambos os lados se julgam rejeitadas e a Palavra de Deus se transforma numa clava, não numa bênção.

Esteja ciente de que a paciência e o tempo têm lições a ensinar a todos os envolvidos em situações semelhantes a esta. O tempo histórico mostra ao mundo que as principais questões da vida não desaparecem, mas emergem de uma geração e cultura para outra, porque a fusão das diferenças é a essência da construção da comunidade. E a construção da comunidade, essa integração das dissimilitudes, é, por excelência, o empreendimento universalmente humano. Melhor resolvermos isto juntos do que passar o curto tempo de que dispomos na terra sempre à beira de um conflito.

A paciência nos instrui a manter o curso. As perguntas podem se arrastar por meses a fio. Os diálogos entre grupos discordantes serão importantes. E é importante entender que o ritmo lento das conversas é, em si mesmo, parte do crescimento espiritual de uma comunidade. É apenas quando uma conversa nunca começa, de jeito nenhum, que o próprio bem-estar e a integridade espiritual da comunidade são ameaçados.

A comunidade é uma extensão necessária da paciência e do tempo. Quando oramos, quando nos encontramos, debatemos e nos apoiamos mutuamente – em nossas ações simples e eficientes – mais capazes somos de suportar o calor do dia do profeta. É o temor do desconhecido que acende a centelha do medo. Panfletos costumam assustar as pessoas porque elas não querem se inteirar da preocupação alheia. Assim, assembleias municipais, artigos nos jornais e publicação de propostas são suficientes, em muitos casos, para erigir um poderoso muro de resistência. E é precisamente esse muro que o profeta deve encarar com o mais alto grau de sensibilidade e inabalável determinação.

O que acontecerá se tomarmos tal atitude?

Dois aspectos básicos sustentam o processo profético. O primeiro é que a mensagem profética jamais desvanece por completo. Os problemas persistem até que sejam resolvidos, não importando quanto tempo transcorra, ou quantas gerações passem sob o sol até que isso suceda.

O segundo aspecto é que as pessoas crescem lentamente. Leva tempo até que todos nós aprendamos a conviver, como seres humanos maduros. Em Atlanta, os profetas que combatiam a segregação recusaram-se a sair dos balcões onde eram servidas refeições aos brancos até que a segregação fosse abolida no estado da Georgia. Na Polônia, os profetas nunca deixaram de marchar pela solidariedade, ainda que sob a ameaça de cassetetes e de prisão. Na Irlanda, foram de casa em casa, conversar com cada pessoa, enquanto lutavam pelos direitos civis que o casamento homoafetivo iria proporcionar.

Profecia é uma questão de diálogo, educação, de processo e paciência; não de força. A mensagem cresce em nós. E parece que nossa alma também cresce, porém de forma gradual.

Johann Wolfgang von Goethe disse: "Contra as críticas, um homem não pode protestar, nem se defender. Ele deve agir a despeito delas e, paulatinamente, elas cederão".

Infelizmente é algo que ocorre aos poucos. Depois que a terra foi preparada e as sementes plantadas, esta colheita do bem poderá romper o solo velho e endurecido para trazer nova vida, nova floração, novo alimento para o mundo. Erguer a voz numa proclamação profética, anunciando que Deus está realizando algo novo outra vez, não é uma vocação para os fracos e medrosos, para os inconsequentes e descomprometidos. Não é uma vocação para se esquivar do criticismo certificando-se de não fazer nada, não falar nada, não ser nada.

As vozes dos grandes profetas do Testamento Hebraico ainda ecoam pelos quatro cantos do mundo. A imagem de Jesus, o Profeta, – indo a pé da Galileia para Jerusalém, discutindo com os depositários da Lei, curando doentes no sábado, trazendo de dentre os mortos, e de volta à vida, mulheres invisíveis e socialmente desprezadas porque tidas como sem valor – ainda nos incita à vocação para a consciência pública e o comprometimento pessoal. Sem isso, de que pode se tratar a religião senão, é óbvio, da salvação do eu? E, em face da intenção de Deus para nós – que sejamos guardiões uns dos outros – é, deveras, um propósito pouco significante.

Reflexão

Para os que acreditam que a vida espiritual é um compromisso com o conforto pessoal, segurança social e respeito púbico, a tarefa de ser profético é grande demais, a vida do profeta é perigosa demais, o chamado à espiritualidade profética é, decerto, exigente demais. Todavia, para os capazes de compreender que a vida espiritual é sobre o seguimento de Jesus, o Profeta, não existe mais nada que se queira fazer. Há quem saiba, a exemplo de Samuel Johnson, que "grandes obras são realizadas não pela força, mas pela perseverança". Afinal, a voz e a vida de Jesus têm sido uma contradição para um cristianismo politizado desde os seus primórdios. A única diferença é que agora é a nossa hora de transmitir a mensagem.

Todo grande sonho começa com um sonhador.
Lembre-se sempre de que você traz dentro de si a força,
a paciência e a paixão para alcançar as estrelas e
mudar o mundo.

Harriet Tubman

10
FRACASSO

Quando Barack Obama realizou uma reunião na prefeitura, transmitida pela TV, sobre o controle de armas – iniciativa repetidamente rechaçada pela Associação Nacional de Rifles – a frustração do então presidente não derivava da constatação de os dois grupos antagônicos não haverem conseguido chegar a um acordo. A sensação de derrota jazia no fato de que o outro lado nem sequer comparecera para debater o tópico. Tornar-se invisível é tornar-se impotente. Para mim, a marginalização é uma morte muito pior do que a morte. Pergunte a qualquer mulher que, por séculos, tem visto suas preocupações menosprezadas, ignoradas. Só agora se tem a mais leve noção de que as mulheres também devem ser ouvidas.

Existe, sim, uma sina mais dolorosa e humilhante do que a exposição pública da derrota. Embora uma nova ideia possa ser derrubada, pelo menos, em razão da votação apertada, há uma conscientização de que vigora um consenso – talvez crescente – para mudança. Por outro lado, quando um grupo somente ri de uma nova ideia, quando a própria cogitação de uma conversa real é desdenhada, quando reuniões de eleitores são marcadas e ninguém comparece – exceto o porta-voz da questão e uns dois ou três amigos – o efeito de ser cabalmente repudiado é asfixiante.

As pessoas tendem a desconsiderar o que não compreendem; a depreciar o que compreendem, mas não gostam. Grupos divergentes pouco se esforçam para analisar as ideias, ou as circunstâncias subjacentes das novas propostas. Esse é um lugar-comum na história humana.

Com demasiada frequência, uma ideia, antes de ser avaliada com seriedade, acaba objetada. Na realidade, os proponentes de políticas visionárias são habitualmente despedidos. O motivo é claro: o que os visionários solicitam é algum tipo de mudança. E nos alertam; o que estamos fazendo não está funcionando. A mudança não é muito aceitável para os poderes vigentes, para os poderes que lucram com as vidas distorcidas e mantidas convenientemente anuladas.

Aqueles cujo grau de controle ou de influência pública depende de ideias antigas se encolhem de pavor diante do mero conceito de discutir novas maneiras de realizar as coisas. Aqueles que se sustentam com o dinheiro proveniente desses sistemas resistem à mudança com todas as suas forças. As ideias são descartadas em massa, não porque alguém se deu ao trabalho de prová-las impraticáveis e sim porque ninguém as leva, de modo algum, em consideração. Você quer aumentar o salário mínimo? Impossível. Quer pagar salários iguais para homens e mulheres que executam um mesmo trabalho? Proposição ridícula! Quer reduzir a influência do complexo industrial-militar sobre a alma da nação? Loucura. Quer que "patriotismo" signifique algo mais do que disposição para ir à guerra? Vergonhoso. Quer que a sua religião repense a teologia infundada que sustém o sacerdócio masculino? Heresia!

E a velha guarda ri. Conforme escreveu Edgar Allan Poe, "Difamar um grande homem é a maneira mais imediata de as pessoas pequenas alcançarem a grandeza".

Nos tempos bíblicos, os profetas, não raro, eram expulsos das cidades. Na sociedade de hoje, costumam ser simplesmente definidos como "excêntricos", ou "irrealistas". Ou, ainda pior, são "curiosidades" que nos remetem a uma era pregressa, pois, na atual, os esquisitos são rotulados de socialistas, comunistas, feministas – um estigma, enfim. Na sua maioria, os profetas, pelo menos no Ocidente, não são perseguidos, já não vão para a prisão, ou são executados, ou apedrejados. Apenas ninguém lhes dá atenção.

A marginalização é perigosa porque parece cogitar um arsenal de novas ideias quando, na prática, não é o que acontece. As ideias são facilmente tachadas de errôneas antes mesmo de serem tidas como passíveis de discussão, como se não devessem ser abordadas e fossem uma total perda de tempo.

E assim o velho mundo continua a girar, não melhor do que antes e mais profundamente deficiente do que nunca. Aqueles cujos corações pendem, com ternura, para o que os cerca, passam a ser vistos como pateticamente fora de sintonia com a realidade, encantadores talvez, mas irritantes; sinceros, mas inúteis.

Tanto a voz profética quanto a comunidade profética – formada pelos que se unem para se converterem numa única voz, num único agente na sociedade – são constantemente subestimados, aviltados, desconsiderados. Portanto, o que fazer? Quando a argumentação é genuína, existe, no mínimo, a chance de que alguns corações se empolguem com a possibilidade e o imperativo de mudança. Todavia, quando as ideias são puramente ignoradas, quando nenhuma faísca voa de maneira alguma, quando, sem uma única palavra, o povo retrocede para o que já foi testado e comprovado, para o que é velho e vazio, para as ideias irracionais, porém familiares – a despeito de haverem falhado muito tempo atrás – a aparente derrota é completa.

As pessoas perdem o interesse. Retiram o apoio. O número do público fiel à continuação do diálogo encolhe. Abraham Joshua Heschel denomina tal conjuntura de "indiferença sinistra". Eram visíveis todos os sinais que corroboravam as advertências dos profetas, entretanto, convencidas de saberem mais do assunto, as pessoas achavam a ignorância muitíssimo preferível ao desprestígio popular. Assim, a história do Profeta Isaías é esclarecedora. Isaías, ciente de que poucos ainda ouviam suas admoestações e que suas preocupações quase passavam despercebidas, recolheu-se para treinar a geração seguinte de profetas. Isaías opera em longo prazo.

Apesar de marginalizado e humilhado, ele seguiu em frente com a sua obra mais convicto do que nunca de que a Palavra de Javé é verdadeira e não será descartada. Ao invés de sair de cena, Isaías simplesmente começou a trabalhar de forma diferente.

A mensagem é clara para o restante de nós. O *insight* profético jamais definha, mesmo quando não desejado e a despeito de não ser ouvido. Quando o nosso trabalho não é bem-sucedido externamente, é hora de o trabalho interno do Espírito Santo se tornar mais importante do que nunca. É hora, então, de redobrar nossos esforços em favor da profundidade espiritual, ou jamais seremos capazes de prosseguir perante o menosprezo.

Este é o momento de se despir do ego. É o momento de abandonar todas as expectativas. Este é o momento de nos lembrarmos de que essa leitura do Evangelho, diante das circunstâncias da época, é obra de Deus, não nossa. Este é o momento em que estamos sendo chamados a confiar somente em Deus.

A essa altura, já está claro que não são as nossas estratégias, contatos, ou conexões sociais que levarão esta missão a cabo. Não serão pessoas, ocupando altos cargos, que salvarão esse trabalho.

É só em Deus que devemos depositar nossa confiança, entregar todas as nossas aspirações e assim permitir que as coisas evoluam naturalmente. Enquanto isso, espiritualmente, em nosso íntimo, nos tornamos ainda mais preparados para retomar a obra de Deus e continuar a caminhada. E quando chegarem esses momentos, a exemplo dos monges do deserto, séculos atrás, que entremos na caverna do eu e a preenchamos com Deus somente. Apenas então teremos uma nova energia e o alimento espiritual necessário para que sejamos capazes de enfrentar os longos dias sozinhos, sob o sol escaldante. Apenas então, descansados e revigorados, podemos recomeçar o trabalho.

Reflexão

Não existe tal coisa como fracasso na jornada para o Reino de Deus. Não obstante a rejeição das autoridades e mandatários de hoje – que preferem fazer menos e não chacoalhar absolutamente nada – o profeta ganha o dia ao sensibilizar um coração de cada vez com o anúncio sempre progressivo do Evangelho. Quem não empreende a jornada nunca conhecerá a beleza de descobrir o que significa estar além da ganância, além da violência, além do aprisionamento da pequenez da alma. De fato, é melhor fracassar do que haver perdido a liberdade do coração resultante de proclamar a verdade para aqueles que procuram sufocá-la. Seguir o caminho do profeta é descobrir o que significa viver impulsionado pelo sopro do Espírito para completar a obra que a grandeza de Deus começou.

Você pode recomeçar a qualquer momento de sua escolha, porque aquilo que chamamos "fracasso" não é a queda, mas o permanecer no chão.

MARY PICKFORD

11
VOZ

Martin Luther King Jr. disse: "Os políticos sempre farão a pergunta: 'É conveniente?', porém os profetas devem indagar: 'É justo?'" As palavras abalam a conveniência, a complacência e o comodismo, reduzindo-os a pó. É conveniente satisfazer as multidões. Mal saciar as necessidades mais básicas do ser humano, e presumir que é só o que nos compete fazer, é complacência. Comodismo é convencer-se de que qualquer coisa, além de coisa nenhuma, já basta para ser reconhecido como sucesso. Mas nada disso é suficiente para revestir o pobre de dignidade; e é pouco provável que proporcione uma vida decente aos filhos da geração posterior. Nenhum bem-estar real provém do pinga-pinga de paz e justiça. Essa é a política das "migalhas" do mundo moderno, um pouquinho para todo mundo e nunca mais do que o mínimo para ninguém. É só o que é preciso para manter o povão sossegado.

Por outro lado, as palavras idealistas promovem a vida. Os visionários falam sobre "equidade" para todos. Um jeito certo de viver. Um grau equânime de justiça. E, acima de tudo, falam sobre os critérios corretos para determinar como deve ser uma vida digna e do que é constituída a justiça para ser, verdadeiramente, justiça. Vida digna é contar com vales-refeições para se conservar vivo, ou também ter moradia decente, educação e assistência médica?

Será "justo" indenizar uma vítima de ferimentos graves, mas não lhe prestar assistência vitalícia? Caso contrário, o acidentado provavelmente não poderá fazer nada, exceto passar o resto de seus dias sentado numa cadeira. Isso é o "justo"?

Para o profeta, o critério justo a ser aplicado a toda jornada humana é a Palavra de Deus, que nos deseja – como nos dizem as Escrituras – "o bem e não a aflição". Portanto, de um extremo a outro da escala social, é mister cada um de nós ter ao seu alcance os meios e os recursos necessários para que a vida seja uma bênção, não um fardo. No meu bairro, de 260 quarteirões, cem por cento das crianças não consomem três refeições ao dia. Como é possível chamar isso de "justo" num país em que dois terços da população esperam ter ao seu dispor ar puro, água limpa, camas enxutas, comida quente, legumes frescos, pão de qualidade, além de paz e senso de coletividade onde quer que a comunidade esteja estabelecida?

Quando isso não acontece, quando os destituídos são desdenhados e ridicularizados por também almejarem as mesmas coisas, onde os profetas contemporâneos podem recuperar a energia indispensável para sobreviver a tal perda? Onde os nossos profetas podem arrebanhar o vigor e a vontade de continuar tentando, mesmo em face da derrota?

O nosso único abrigo defensável, onde a esperança permanece apesar dos conflitos do presente, é a memória das gerações que nos antecederam, as gerações dos patriarcas, que lutaram e conquistaram a retidão em Israel. Em Israel, a lembrança da cisão na forma como os que haviam voltado do cativeiro na Babilônia prestavam culto – sem irem ao Templo –, em oposição àqueles a quem fora autorizado permanecer em Israel depois da guerra, ameaçava a unidade da nação e a fé. Sim, no início os que ficaram resistiram às novas ideias trazidas pelos que regressaram do exílio na Babilônia com uma perspectiva mais ampla de Deus e do que significava ser o povo escolhido. Aos poucos, e enfim, os recalcitrantes acabaram percebendo que a abertura para o restante do mundo – vivenciada por seus ancestrais na Babilônia – era, de fato, mais justa do que a institucionalização da inimizade. O resultado é que Israel se tornou uma potência em todo o mundo. Os israelitas nos legaram um registro de suas provações, cantadas pelos salmistas na Babilônia, para que nós, algum dia, tivéssemos razões para guardar a fé no Deus do futuro.

É parte da história da tradição profética – desde os seus primórdios até os profetas de nossa era – o testemunho de manter a fé, ainda que não haja nenhum motivo aparente para prosseguir acreditando. Conveniência, aceitação do que é possível ao invés do compromisso de continuar lutando pelo que é justo, pode até aliviar as mazelas do mundo temporariamente. Porém não moverá a sociedade um único centímetro sequer na direção do Reino de Deus. Somente a fé profunda, enraizada no ímã espiritual do coração humano, o fará. Somente a certeza de que justiça e igualdade são a vontade de Deus nos leva a sobrepujar o egocentrismo e a ganância que permeiam a evolução humana. Esses são os progressos mais duramente conquistados, os mais preciosos centímetros avançados. Talvez esses centímetros não venham a mudar a sociedade de uma só vez. Entretanto, esses são os centímetros das novas ideias que preparam os corações para a odisseia espiritual de uma vida e, por fim, mudam o mundo para todos nós.

Jeremias confrontou a religião nacional dos israelitas, os que diziam que a presença de Deus estava garantida em Israel. Pelo contrário, argumentou ele. A presença de Deus dependia do caráter das pessoas, não da existência de santuários. Trata-se de um *insight* ainda contestado, em certa medida, por quem pensa que suas doutrinas religiosas lhe dão o direito de destruir as alheias. Todavia, graças à insistência de Jeremias, essa blasfêmia jamais poderá se converter, novamente, em substituta da bondade.

Ezequiel viu a glória de Javé brilhando sobre a Babilônia – nação inimiga de Israel. Ezequiel nos ajudou a compreender que Deus não pertencia a ninguém, não era uma mercadoria particular, e sim o doador de vida para todos nós. Viemos a saber que somos todos filhos de Deus, não importando quem tente defender o oposto. Por isso, e acima de tudo, devemos proteger até mesmo aqueles que são diferentes de nós.

Ao longo do tempo, os salmistas entoaram as canções dos destituídos. Conduziram-nos à consciência da presença eterna de Deus. Discutiram o companheirismo de Deus em meio à dor e à fraqueza, e em toda parte. Ensinaram-nos que não é outro, senão Deus, quem está sempre conosco.

Então veio Jesus, aquele que exemplifica, para todos nós, o que significa viver fora das normas de uma sociedade que esqueceu sua alma. Em face da própria injustiça, Jesus fez justiça aos samaritanos, aos romanos e aos pecadores. Falou a linguagem da igualdade em tudo o que realizou. Entregou sua vida para curar os marginalizados, investir de autonomia as mulheres, ressuscitar os fracos e purificar o Templo. Deixou-nos um caminho a seguir, qualquer que seja o seu término, mesmo se rejeitado por muitos e a despeito da duração da jornada.

Os profetas de nossa época têm retomado os desafios, ainda que inacabados, de todas aquelas gerações de semeadura profética.

Harriet Tubman, sendo ela mesma escrava, deu sua vida para conduzir os escravos à liberdade e assim possibilitar que os outros voltassem a vê-los como seres humanos.

Dorothy Day recolocou os pobres no centro das preocupações e cuidados cristãos.

Martin Luther King Jr. curou os corações de uma nação inteira ao lançar luz sobre os esquecidos, tornando-os visíveis, fazendo-os ouvidos, ajudando-os a se enxergarem como seres humanos novamente. Então ele confiou o resto de seu sonho a nós, para que o completássemos.

Ita Ford e Maura Clark, da congregação das Irmãs Dominicanas de Maryknoll; Dorothy Kazel, irmã ursulina e a leiga Jean Donovan – todas elas missionárias em El Salvador durante a guerra civil – desafiaram o governo continuando a ensinar a libertação dos pobres numa era de repressão implacável. Todas as quatro foram assassinadas pelos esquadrões de morte salvadorenhos. Como resultado de sua autodoação, o silêncio do conluio americano foi rompido, o controle do governo fragmentado e o apoio dos Estados Unidos à repressão de agitadores civis também chegou ao fim.

Dietrich Bonhoeffer, no meio da torrente nazista, recusou-se a aceitar a teologia da superioridade ariana e o extermínio dos judeus e, devido às suas tentativas de desalojar Hitler do poder, acabou executado. Mas a linhagem de teólogos protestantes que o seguiram renovou a tradição profética para o restante de nós, em nossa própria era e nos piores momentos.

As mulheres deste século XXI que deflagraram o movimento "Me Too" nos Estados Unidos, expuseram o assédio sexual rotineiro sofrido por elas, uma violência praticada por homens poderosos contra vítimas impotentes. Essa atitude, além de revestir as mulheres, em toda parte, de uma nova dignidade, possibilitou o surgimento de igualdade genuína, emponderamento real e oportunidades de trabalho sérias.

A lista é interminável. Cada geração de profetas semeia a próxima. Nas palavras da *shaker* Antoinette Doolittle, "Todo ciclo tem seus profetas como estrelas-guias; e são como velas ardentes de Deus para iluminar o templo espiritual na terra durante algum tempo. Quando houverem terminado seu trabalho, eles passarão; mas os castiçais permanecerão e outra vela será colocada no bocal".

Reflexão

Somos nós aqueles que os castiçais vazios aguardam. Isto é, caso os discípulos desta era reconheçam o chamado profético.

---

*Minha esperança é que minha vida
declare esta reunião aberta.*

June Jordan

12
SABEDORIA

É possível que Platão o tenha enunciado antes da maioria das pessoas, porém o fato é que seu *insight* vem sendo repetido vezes sem conta ao longo dos séculos. Os que levam a sério o que fazem, ou no que colocam sua esperança, nunca esquecem a sabedoria contida na máxima do filósofo grego: "Os sábios falam porque têm alguma coisa a dizer; os tolos falam porque têm que dizer alguma coisa". Boa intenção não é desculpa para alguém falar do que não sabe.

Confie naqueles de coração moldado pelas Escrituras e cujo compromisso sincero é com a vinda do Reino de Deus. Em outras palavras, a advertência de Platão inclui a mim e a você.

De fato, se existe algo capaz de diminuir o poder de uma afirmação profética é uma afirmação profética equivocada a respeito de um tópico importante. Uma asserção incorreta. Irrefletida. Apresentada de maneira descuidada – e desonesta. O profeta não vem para condenar os que não partilham do seu modo de pensar, e sim para admoestar, persuadir, iluminar. O profeta não vem para vencer por quaisquer meios disponíveis. O chamado do profeta é para unir o mundo inteiro numa compreensão verdadeira da Palavra de Deus para a humanidade.

Pessoas com coração de profeta não comandam exércitos sagrados. São santos porque lideram corações e, de forma alguma, tropas. A espiritualidade profética não se propõe a jogar um grupo contra o outro, quando ambos enxergam uma mesma questão de perspectivas díspares. Pelo contrário, as almas proféticas vêm para alertar o mundo do que acontecerá se, como povo, continuarmos rumando numa determinada direção. Os profetas vêm nos apontar os perigos das situações que estamos criando para nós mesmos.

Carlos Borromeu, um dos grandes reformistas do século XVI, foi explícito: "Nós devemos refletir antes, durante e depois de tudo o que fazemos. O profeta diz: 'Eu rezarei, e então compreenderei'". A relação entre profecia e erudição era nítida. Tanto os programas educacionais criados por Borromeu quanto os seminários, faculdades e universidades por ele fundados mudaram todo o teor da Igreja de simplesmente clerical para a necessidade de ser também ponderada, instruída e sábia.

Os profetas de todos os tempos e eras precisam ser mais do que meros espectadores envolvidos com uma mensagem corajosa – a despeito de quão certa seja. O profeta tenciona possibilitar à Igreja de hoje entender, também, as implicações espirituais e sociais da conjuntura vigente, para que a mensagem não se perca, o dever se torne claro e o trabalho não seja em vão.

Os profetas bíblicos continuam sendo um modelo para nós, aqui e agora, pois não só ensinavam as pessoas como as incitavam.

Numa época em que os sacerdotes haviam se convertido numa casta de privilegiados e o Templo adquirira um viés político, Oseias lamentou: "O meu povo foi destruído porque lhe faltou o conhecimento". As pessoas não estavam sendo educadas; mas seduzidas pela prática de uma religião desvinculada, por completo, da justiça.

Tal como nós, em nosso próprio tempo, era muito mais fácil para o povo judeu pensar que os impostos pagos ao Templo, as ofertas oferecidas no altar de sacrifícios, os dias de festa guardados e a recitação de orações constituíam a essência da religião. A ênfase ao ensino da justiça e a vontade de Deus para o mundo havia quase desaparecido.

E nesta nossa era? Quanto esforço tem sido realmente despendido para instruir a população a respeito da legislação sobre impostos, redes de proteção social, salários justos e programas de assistência ao trabalhador, hoje alardeados como empregos para os pobres?

O Profeta Miqueias, fincado num território sempre designado como linha de frente em quaisquer ataques desferidos contra Jerusalém, viu pessoas serem arrebatadas de seus afazeres e obrigadas a trabalhar em obras públicas que beneficiavam os ricos. Perante essa visão escravista e desumanizadora, Miqueias bradou:

> Eles estão esfolando as pessoas vivas; arrancando-lhes a pele dos ossos, comendo-lhes a carne, tirando-lhes a pele, quebrando-lhes os ossos, picando-os todos pequeninos, repartindo-os como se para a panela, como se carne para o caldeirão (Mq 3,2-3).

Essa é uma descrição comovente e desoladora do que acontece às pessoas todos os dias, em todos os lugares deste nosso mundo vasto, interconectado e elitista. O dinheiro flui para o topo; o desemprego – numa sociedade tecnológica – para a base. E, no entanto, os gráficos estatísticos nos mostram "progresso" diariamente. Para alguns, não para todos. Os números são excitantes – para muitos – porém não dão as caras na base do gráfico. Nem na época de Miqueias, nem na nossa. Tudo o que vemos é que alguns estão lucrando e a maioria não. Na realidade, os gráficos são claros: por alguma estranha razão, a economia favorece alguns, mas não aqueles que mais precisam. À medida que os impostos são reduzidos para os ricos, somente uns poucos têm acesso às redes de proteção social.

Como é possível que tal coisa aconteça? A resposta de Miqueias nos conduz a todos nós à reflexão: o profeta culpou os anciãos e as figuras religiosas de sua época por fracassarem em seu dever de ensinar. Ressaltou que as autoridades religiosas se concentravam nas minúcias religiosas e nada faziam para que seus líderes levassem o povo a ter um papel ativo na equação. Alheios aos pecados continuamente cometidos contra a população ao seu redor, o conceito de sua aliança com Deus e da criação da comunidade judaica se deteriorou diante de todos os olhos. Algumas pessoas eram bem alimentadas, outras não; algumas abençoadas, outras não; algumas livres, outras não. Conhecemos essa história. Estamos no centro dela. Em nosso mundo, o lucro aumenta num ritmo vertiginoso e vai para aqueles que já estão numa situação segura, enquanto os salários dos que se acham na base da pirâmide – onde a insegurança é uma companheira constante – raramente mudam. Os trabalhadores pobres recebem um "salário mínimo", nunca um salário digno.

Esses profetas, de milhares de anos atrás, são, em si mesmos, uma dura advertência para os anciãos e profetas de nossa era. Eles despertam em nós a nítida consciência de que devemos fazer mais do que apenas condenar o que não gostamos. Cabe-nos, inclusive, ensinar as verdades da vida, o porquê da situação injusta, o aspecto negativo do cenário vigente, a vontade de Deus para o mundo, a qual vem sendo violada na atual conjuntura. Acima de tudo, é também responsabilidade nossa definir o novo mundo que deverá tomar lugar do antigo.

Não é preciso que os líderes proféticos sejam economistas ou políticos – embora fosse bom ter alguns destes no grupo. Todavia, sua agenda político-econômica é outra. A agenda do líder profético é paz e justiça, justiça e paz. O profeta questiona, em nossos dias, por que as mulheres são as mais pobres entre os pobres – e então expõe a resposta sob os holofotes para que o planeta inteiro a veja. O profeta pergunta por que povos inteiros, segmentos inteiros do mundo são deixados sós em seus esforços para sobreviver, alimentar os filhos, sustentar suas famílias, obter educação, encontrar um trabalho decente, desfrutar de liberdade, viver uma vida honrada, digna e feliz. O profeta nos obriga a enxergar o papel que cada um de nós desempenha na opressão alheia – internacional, nacional e localmente – ou, pelo menos, a necessidade de nos pronunciarmos sobre esse assunto com clareza.

O profeta nos convoca a todos nós a um tribunal universal e nos compele a escolher. Nós, sozinhos, ou os pobres conosco. Nosso bem-estar pessoal, ou os que nada têm também ao nosso lado. Nossa raça, ou toda a humanidade.

A função das comunidades proféticas é possibilitar que um grupo estude as questões, torne-se proficiente nos tópicos analisados e adote uma posição específica, distinta, em prol da justiça.

As comunidades proféticas fazem muito mais do que rezar. É também sua responsabilidade estudar, ensinar, organizar as pessoas, inserir algo das coisas de Deus nas situações. Não se limitam a queixarem-se das agruras dos pobres, mas tomam iniciativas para alimentá-los. Não se limitam a lamentarem a condição difícil das mães que trabalham fora, mas procuram maneiras de ajudá-las a cuidar dos filhos. Não se limitam a desejar salários melhores para os desvalidos, mas advogam pelos que são mal remunerados.

As comunidades proféticas pressionam legisladores e formadores de opinião, líderes religiosos e órgãos públicos. Comprometem-se em agir para mudar o mundo tanto quanto falar sobre isso.

Reflexão

Os profetas levantam perguntas que a maioria das pessoas não formula, nem se dá ao trabalho de correr atrás. Infelizmente essa é a questão mais importante de todas. Depois de termos recitado nossas orações, assistido ao noticiário e, sacudindo a cabeça, desligado TV na cara dos comentaristas, entre desesperados e desgostosos, de repente nos lembramos de alguém necessitado do tipo de ajuda sobre a qual acabamos de ler. Então nos indagamos o que realmente defendemos – e o que temos feito de concreto acerca disso. Nesse momento, ou nós nos convertemos em profetas – ou em meros beatos. Esta é a derradeira pergunta, a pergunta que cada um de nós precisa responder: E você? O que você está fazendo a esse respeito?

Esforço e coragem não são suficientes sem propósito e direção.

John F. Kennedy

13
PROCLAMAÇÃO

Quem é chamado a proclamar a verdade numa geração emudecida? A resposta é fácil. Todos nós o somos. Não há nenhuma parte do seguimento a Jesus, o Profeta, – da vivência do Evangelho – da qual qualquer um de nós possa se isentar. O discipulado exige que levemos o Evangelho a sério, que o usemos para questionar a nossa própria resposta e reação a cada questão levantada, a cada desafio espiritual surgido. Então, e somente então, podemos nos educar na mente de Cristo. Impregnado da Palavra, Jesus inicia a jornada do profeta para renovar a fé, proteger os indefesos, desenvolver uma nova e vibrante teologia de Deus. Portanto, o mesmo cabe-nos fazer.

O Espírito está vivo na Igreja e, pouco a pouco, nos chama, a cada um de nós, a nos dedicarmos à vinda do Reino de Deus. Ele nos conduz pela graça, mostrando-nos a vida com todas as suas lutas, incitando-nos a enxergar o mundo através dos olhos de Deus, demandando que acompanhemos os passos de Jesus, o Profeta. O caminho que tão alegremente concordamos seguir tem suas exigências. Percorrê-lo implica curar os feridos, libertar os oprimidos, proclamar a Palavra, elucidar a visão e confrontar os políticos hipócritas que incluem a saúde pública no linguajar, mas raramente no orçamento. Este é o caminho de Jesus, que nos diz: "Deus me enviou para anunciar a libertação dos cativos, a cura do cego, o resgate dos oprimidos". "Siga-me", é o seu convite inequívoco.

Infelizmente a visão de Jesus, o Profeta, acabou bastante domesticada ao longo dos séculos. À medida que a vida tornava-se mais confortável de geração em geração, mais a profecia restringia-se aos rituais cristãos, ao "testemunho público" de nossa vida espiritual particular. Aprendemos que uma vida boa significava recitar nossas preces regularmente. Lembrávamo-nos de ir à igreja porque a nossa própria salvação estava em jogo. Guardávamos os dias de festa mais importantes porque eram estes que conservavam a comunidade cristã unida num só culto e confiávamos no boato de que o simples pertencimento ao grupo já nos garantia a redenção. Sabíamos ser nossa tarefa dar testemunho do papel da espiritualidade em nossa vida desempenhando funções litúrgicas específicas e realizando atividades especiais para manter as escolas, hospitais e os centros assistenciais da instituição. Tudo isso era muito bom. Estável. Seguro. Muito seguro. Não há mais multidões céticas a enfrentar, não há mais exclusão pública com a qual se preocupar agora.

E assim, com o tempo, o caminho espiritual passou a girar cada vez mais ao redor de nós mesmos: nossa salvação, nossa identidade pública, nossas recompensas eternas, nossos ministérios institucionais muito especiais e muito resguardados. Desapareceram os encardidos e os párias que nos cercavam. Desapareceram os esquecidos e os abandonados. Esse tipo de gente, conjeturamos, deveria cuidar de si mesma. Afinal, não o fizemos nós? E desse modo nos transformamos num povo privilegiado num mundo privilegiado, sacrificatório, sim; orientando para o risco, não.

Esse não foi o caminho de Jesus que "andava com pecadores e prostitutas". O Jesus que, na casa de um homem rico, suplicou-lhe: "Quando você der um banquete, convide os pobres, os aleijados, os mancos, os cegos". Desça do pedestal da sua vida elitista e eleve todos os seus semelhantes consigo.

Certamente, então, o caminho se revela simples, e chocante. A questão se torna abrasadora. E para que serve, exatamente, a vida espiritual, senão para isto?

A verdade é que cada período da história da espiritualidade tem sido uma reação a um grande e crescente hiato entre a vida como ela e a vida desejada por Deus para nós. Em cada nova era, emergem discípulos para "enfrentar os sinais dos tempos".

O monaquismo foi uma reação à derrocada da sociedade depois da queda de Roma. Com o colapso da liderança civil, os mosteiros se transformaram no centro da ordem cívica.

Os mendicantes, aqueles que viviam e trabalhavam entre os indigentes errantes, fizeram da pobreza uma doença insidiosa, impossível de ser ignorada.

Diante das múltiplas carências do mundo urbano em rápido crescimento, grandes figuras proféticas, do século XVII ao século XX, formaram grupos comprometidos em cuidar de segmentos inteiros da sociedade, dos desabrigados e desempregados agora reduzidos à miséria nas cidades recém-desenvolvidas.

Juntos, esses visionários começaram a curar as chagas da sociedade. Fundaram escolas para os pobres, para as meninas e os imigrantes. Abriram hospitais em regiões distantes e cuidaram dos feridos nos campos de batalha. Construíram orfanatos e lares para idosos. Todas essas foram ações importantes de caridade e justiça.

De fato, desde o tempo do Profeta Amós, até nossos dias, a concentração de visionários proféticos tem sido perigosamente específica. Desde a abertura do primeiro albergue para os doentes, no início da Idade Média, até as obras em benefício da educação dos destituídos, todos os períodos têm demonstrado – graças aos profetas de cada época – a necessidade de mudança, inclusão, igualdade, dignidade, evolução.

Em cada era, a missão do profeta revelava-se a mesma: interpretar o presente à luz da Palavra de Deus para que novos mundos pudessem ser visualizados e novas atitudes desenvolvidas e o mundo, enfim, se tornasse um lugar melhor.

Entretanto as carências do povo de Deus hoje não são menos prementes, tampouco mais admissíveis do que foram outrora. Imigrantes pobres definham em nossas fronteiras implorando ajuda, arriscando suas vidas, suas famílias e até seus filhos, em busca de uma existência decente e digna. Nos Estados Unidos, não há um único estado em que apareçam, no mercado imobiliário, apartamentos de dois quartos cujo aluguel esteja ao alcance daqueles que ganham salário mínimo. É óbvio que é esse o motivo de muitas famílias jovens morarem em seus carros, à espera de escutar o clamor do profeta em seu favor.

Agora é nossa a missão, como indivíduos, como grupos intencionais – a despeito da posição que ocupemos na escala social –, de fazer brilhar a luz nas vidas dos carentes e insistir para que os outros a enxerguem também. É missão de cada um de nós ser a voz dos esquecidos até que estes possam ser ouvidos por si mesmos. É missão individual do profeta – seja lá o que façamos, ou onde quer que estejamos – chamar a atenção para a insignificância dos destituídos na sociedade, para as suas privações, as iniquidades que suportam. É nossa a missão de lhes dar esperança, de lhes proporcionar oportunidades e de ajudar os excluídos a se adaptarem.

As instituições proféticas do passado realizaram bem o seu trabalho. Tornaram-se parte de um sistema de serviços que educou geração após geração de imigrantes, permitindo-lhes, assim, ingressar num mundo pluralista.

Então a educação e a assistência médica, que haviam amparado e contribuído para o desenvolvimento de populações inteiras, popularizaram-se e tornaram-se tradicionais. Mas paga-se um preço para ser tradicional. "Tradicional" é um termo usado para designar os que não são nem conservadores demais nem liberais demais, nem à extrema direita nem à extrema esquerda, para serem ouvidos. Eles são "seguros". Estão alinhados com o que o sistema acredita ser suficiente para os pobres. Porém a verdade é que os profetas nunca são tradicionais. "Eu preferiria que você fosse quente ou frio", diz Jesus no Livro do Apocalipse, "ao invés de morno". Os profetas enxergam o que ainda não está acontecendo e fazem estardalhaço até que o mundo o enxergue também.

Os profetas nunca adotam uma posição de meio-termo e têm uma visão da vida completamente diferente da maioria. De fato, são eles que trazem em si a outra perspectiva da santidade, aquela que raramente é ensinada junto com a caridade, a moralidade, a cidadania. Os profetas são a outra metade do cristianismo, a metade esquecida da espiritualidade do mundo cristão. Percebendo o que falta ao seu redor, põem mãos à obra para que o mundo possa suprir as carências dos mais necessitados. Os profetas valorizam outros objetivos que não aqueles pelos quais a maioria das pessoas se esforça para alcançar – riqueza em demasia, poder em demasia e demasiada distância da rotina cotidiana.

Reflexão

Os profetas deste nosso tempo – perante um mundo em que reina o individualismo duro e onde os que não conseguem sobreviver por conta própria são facilmente esquecidos – precisam fazer agora algo mais do que apenas servir. Eles devem liderar este mundo para além das divisões de raça e gênero, de identidade nacional e classe econômica. Sim, os profetas estão sempre fora de sintonia com a resposta típica à dor, à privação, à perda, à opressão. Eles são sempre perturbadoramente diferentes, sempre despertando a consciência dos que são deixados para trás, sempre confrontando um mundo que lhes cria empecilhos, sempre avançando rumo ao Reino, e não na direção de um palácio.

Hoje o chamado é para todos compreendermos que a tradição profética nos foi transmitida a cada um de nós e cada um de nós deve tornar a reivindicá-la. O mundo precisa de todos nós, precisa que cada um de nós assuma o seu lugar ao lado de Jesus na estrada da Galileia para Jerusalém, para que assim as necessidades e as dores de ninguém sejam negligenciadas ao longo do caminho.

Quando você tem 17 anos, mora na periferia e conhece apenas três gays, segurar a mão da sua namorada é uma proclamação.

Mary Lambert

14
VISÃO

Desde a época dos profetas bíblicos, o papel dos improváveis mensageiros para a sociedade contemporânea consolidou-se. "O Espírito de Deus repousa sobre mim", diz Isaías, "Porque Ele me ungiu para trazer boas novas aos aflitos". Em seguida o profeta bíblico define a natureza do seu chamado à profecia: "Eu te fiz sentinela da nação de Israel; por isso ouça a palavra que digo e leves a eles a minha advertência". A Igreja atual – conforme lemos na *Lumen Gentium* [Luz para as Nações], documento oriundo do Concílio Vaticano II – é convidada a perceber que a vida profética de Jesus "continua não só por meio da hierarquia, mas também por meio dos leigos. Para isso [Cristo] os constituiu testemunhas a fim de que lutassem 'contra os dominadores deste mundo tenebroso, contra os espíritos do mal'".

O chamado da Igreja à renovação da dimensão profética da vida cristã é claro. Porém a história dos profetas e suas Igrejas – antigas e atuais – é nebulosa. Em alguns casos – a exemplo da Irlanda e da Polônia – foram as Igrejas que mantiveram de pé os profetas naquelas sociedades. Quando os governantes procuraram aniquilar seus adversários, quando tentaram destruir as próprias Igrejas, a oposição não violenta mais feroz partiu dos púlpitos.

Como os irlandeses gostam de repetir, foram o idioma, a Associação Atlética Gaélica e a Igreja Católica que mantiveram viva a identidade da nação durante os quatrocentos anos de ocupação britânica. Os irlandeses enfrentaram a ameaça do esquecimento total perante uma sociedade maior e com a qual se achavam em luta. Quando o governo fechou as escolas, vozes irlandesas proféticas se ergueram e incitaram as pessoas a esconderem seus filhos nos pântanos e ali os ensinarem a ler. Proibidas as missas, os padres passaram a celebrar a Eucaristia nas *Mass rocks* [literalmente, "pedras de missa"]. Reunida nas encostas, ao redor de pedras grandes que serviam de altar, a congregação podia avistar os inimigos chegando antes que estes conseguissem alcançá-la. Algumas dessas "pedras de missa" ainda podem ser encontradas hoje – lembretes de um testemunho passado e do tipo de coragem necessária para dá-lo ao mundo.

Na Polônia, as Igrejas entraram em confronto direto com seus dominadores comunistas e, no fim, também prevaleceram porque a Palavra de Deus proclamada nas igrejas significava muito mais para o povo do que as canções de submissão exigidas pelos governantes.

Todavia, em outros momentos e ocasiões de opressão nacional, as igrejas ficaram tão silenciosas quanto uma toupeira mística, mostrando somente o seu lado ritualístico. Atuando como mera instituição, a Igreja, por exemplo, buscou uma nova aliança com governos seculares, ignorou profetas como Dietrich Bonhoeffer na Alemanha e Franz Jägerstätter na Áustria, que antagonizaram Hitler. Nos Estados Unidos, apenas as Igrejas negras protestaram contra a escravidão, enquanto as Igrejas brancas repetiam a exortação de Paulo: "Escravos, amem os seus senhores". Nos Estados Unidos, os jovens profetas que se opuseram à Guerra do Vietnã com todas as suas forças, foram largamente ignorados pela Igreja, não obstante a declaração do Vaticano II endossando-os. Ao ser apresentado ao governo, o seu apelo de objeção de consciência não recebeu nenhum apoio oficial da Igreja, mesmo quando padres e freiras, participantes de atos de protesto, estavam sendo presos em todo o país.

Eis a pergunta: Como é que o cerimonial pode ser confundido com um aspecto tão essencial quanto o testemunho profético no mundo moderno? E a resposta não é teológica. A teologia da profecia – a base bíblica da profecia como uma obrigação do discipulado cristão – nunca é posta em dúvida. O que intimida a todos nós é o efeito psicológico e social da profecia.

Lembro-me muito bem quando, durante a corrida armamentista nuclear e a Guerra do Vietnã, minha comunidade – que adotara um compromisso corporativo com o desarmamento nuclear – acordou numa manhã para recitar suas preces a tempo de ouvir a rádio local nos chamar de "feminazis". Em meio a tudo isso – além do declínio da população estudantil de nossa escola, da queda do número de benfeitores de nossa comunidade e do furor causado pelo debate público sobre essas posições dissonantes estampadas no jornal local, num país que se orgulha da "liberdade de expressão" – uma pergunta ganhou os holofotes: Por que é que uma reação não violenta e desarmada às políticas públicas pode ser tão ameaçadora?

De certo modo, é exatamente a própria característica pacifista do discordante que torna a dissensão profética tão ameaçadora. Se o grupo é violento, alguns argumentam, então, pelo menos num determinado nível, é legítimo atacá-lo. Afinal essa gente é, obviamente, um perigo para a paz. Todavia, agredir grupos pacíficos é transformar os agressores em ameaça pública. Com certeza outras formas – e outros motivos – devem ser encontrados para calar esses antagonistas. Mas por quê?

Trata-se de uma situação volátil. Dissensão – a espiritualidade profética – põe em risco o *status quo*. Arriscar o muito delicado equilíbrio entre as autoridades dessa sociedade e a própria sociedade é ameaçador. E se outras pessoas escutarem tais mensagens? E se lhes derem ouvidos? E se decidirem mudar as coisas? Pior ainda, e se resolverem agir sem violência? Como poderá esse perigo afável ser algum dia controlado?

Este é um questionamento básico de todas as estruturas sociais e, no entanto, outras perguntas subjacentes são ainda mais perigosas: quem se beneficia com a manutenção da situação atual e quem sai perdendo se ocorrer uma mudança?

Nunca duvide de que serão numerosos os perdedores – como teria sucedido em Israel. Se houvessem permitido Jesus perseverar em seu propósito de ecoar as preocupações dos camponeses, quem sabe quais seriam as consequências? Os camponeses talvez se insurgissem contra o Templo e contra o Império – exatamente o que ambos os poderes temiam. Se Jesus tivesse prosseguido ensinando, existiria o risco de ideias divergentes se disseminarem descontroladamente. Se houvessem permitido Jesus persistir nas discussões com os guardiões da fé sobre a justiça das leis religiosas, possivelmente o prestígio dos anciãos seria minado. Se as pessoas continuassem seguindo Jesus, em números crescentes, essas ideias novas, esses novos *insights*, poderiam ter derrubado as autoridades firmemente fincadas no Templo e no trono.

Ideias novas, em qualquer lugar e em toda parte, constituem uma ameaça aos velhos sistemas e aos velhos governantes. O fantasma da perda paira sobre cada cabeça coroada, sobre cada cadeira presidencial de que se tem notícia. Estes temem as mudanças, não porque elas sejam ruins, mas por serem tão boas. Essas são as mudanças que expõem os privilégios da velha guarda. São as mudanças que levantam suspeitas sobre a própria integridade moral do sistema vigente, pois, se o novo está certo, então o antigo estava errado, ou era, no mínimo, profundamente deficiente. Testemunhamos, assim, o esvaziamento da velha ordem. Sentimos o cheiro do fracasso. Vemos fragmentar-se a aura de impecabilidade moral que por tanto tempo favoreceu e aplaudiu o sistema em vigor e tudo o que ele engloba.

Dois fatos precisam ocorrer. Primeiro: devem ser impedidas manobras políticas que, por exemplo, possibilitem ao Congresso manter um país inteiro refém de fórmulas sociais antiquadas ou danosas.

Segundo: é necessário que o compromisso de seguir "lutando contra os senhores das trevas" impregne a espiritualidade profética de hoje a fim de que esta possa se manifestar, ainda mais ruidosa e claramente, na primeira oportunidade possível.

Nós, que descendemos dos grandes profetas de Israel e seguimos os passos do Profeta Jesus, sabemos ser responsabilidade nossa manter viva a tradição profética em nossas comunidades e sistema social. Uma coisa é certa, o papel que nos cabe é garantir que o nosso discipulado não seja engolfado pelo *status quo*.

A profecia é, deveras, uma presença poderosa, uma força com a qual devemos lidar cuidadosamente. Essa força é essencial para a evolução contínua da Igreja e da nação, das pessoas e do planeta. Reveste-nos de poder; e tem um custo.

Conta-nos a história:

"Era uma vez uma velha senhora que corria pelas ruas gritando: 'Poder, ganância e corrupção. Poder, ganância e corrupção'. No início, as pessoas paravam para ouvir, refletir e discutir o problema.

Com o passar do tempo, como nada acontecesse, todos voltaram a cuidar de seus próprios interesses.

Finalmente, um dia, uma criança interceptou a profetiza, dizendo-lhe:

– Velha, ninguém está escutando você.

– Oh, eu sei disso – retrucou a mulher, detendo-se.

– Então, se você sabe que fracassou, por que continua gritando? – devolveu o menino, intrigado. – Ah, criança, você não entende. Eu não grito para mudar as pessoas. Eu grito para que as pessoas não possam me mudar."

Reflexão

A palavra profética é uma palavra pela qual devemos sempre zelar. Como Walter Brueggemann nos ensina: "O profeta não pergunta se a visão pode ser concretizada, porque as questões relativas à execução não são pertinentes, não importam até que a visão seja imaginada". Para aqueles que compreendem a necessidade de operar mudanças na sociedade a fim de que, algum dia, a justiça, a paz e a vontade de Deus para o mundo se realizem, a nova visão a ser moldada demanda uma imersão na mente de Jesus, além de tempo, tempo, tempo.

A única coisa pior do que ser cego, é enxergar mas não ter visão.

HELLEN KELLER

15
FÉ

John Dryden, poeta inglês do século XVII, escreveu: "Pessoas boas morrem de fome por falta de atrevimento". Esse é um mantra do profeta. A profecia, Dryden infere, não é uma simples questão de correr riscos impensados. É sim, fundamentalmente, uma questão de nutrir uma fé ousada na capacidade humana de tornar realidade a mensagem de Deus. E também é, em última instância, uma questão de empreender uma jornada no deserto da liderança corajosa.

A dimensão fascinante – e exigente – da profecia bíblica está no fato de parecer ser o jeito de Deus sempre enviar os mais fracos dentre nós para fazer o que é necessário ser feito. A Moisés coube libertar os israelitas da escravidão; a Ester salvar o povo judeu das mãos do Rei Assuero; ao pequeno Davi derrubar o gigante Golias; e cabe a nós, neste momento da história, completar a obra apenas começada pelo Criador e, sem a nossa participação, para sempre ameaçada pelo fracasso.

É nesse plano para a ação humana no avanço da iniciativa divina que a fé tem seu espaço na profecia. Aqueles que, de outra maneira, pouco ou nada fariam a respeito do desequilíbrio social, descobrem-se – diante do abismo entre o humano e o humanitário, entre a vontade divina para a humanidade e os malogros humanos para realizá-la – impelidos a tomar uma posição.

Não há escolha agora. Algo tem que ser feito e alguém deve fazê-lo. Alguém deve fazer alguma coisa – e isso compete a nós, compete a mim. Mas como é que os que são como nós, silenciosos e relutantes, passam, repentinamente, da mudez ao discurso público? Elementar: a fé nos conduz das raias do desespero a uma confiança renovada na oportunidade. A fé transforma o medo gerado pelo *insight* na convicção de que eu devo mudar, de que o mundo deve mudar e de que devo ser um dos agentes dessa mudança. A fé em Deus nos leva do temor da censura pública que nos domina ao arrojo necessário para realizar a vontade de Deus para o bem comum.

Na verdade, a fé é o único dom que torna a profecia real. Sem fé, nenhum profeta poderia, jamais, se aventurar além da dor do presente. Sem fé, simplesmente não há para onde ir em meio ao colapso, senão voltar a um passado inaceitável.

O problema é que a dádiva do amanhã não nos chega concluída. O amanhã é uma dádiva que nos é ofertada a fim de que o criemos para nós mesmos. E é na percepção dessa realidade, é nas profundezas desse tipo de fé, que reside a energia – a razão – para a profecia. É porque conhecemos a vontade de Deus para nós que o profeta deve exigi-la. Se há algo a ser feito, teremos que ser nós a fazê-lo. A consciência compromete-se. Tão logo me dou conta do que se perdeu – o âmago da vontade de Deus para nós – é hora, então, de subir os degraus da cidade para alardear o que está faltando e chamá-lo novamente à existência.

Tal como os arautos de toda parte, depende do profeta disparar o alarme.

A fé nos conduz, confiantes, a um futuro que, embora não possamos vislumbrar, somos compelidos a buscar se almejamos alcançar, algum dia, a plenitude da nossa própria humanidade, a que fomos destinados desde a criação. Não há dúvida de que a visão profética requer mais do que apenas *insight*. Requer a determinação férrea de fazer alguma coisa, não importando quão pequenina, para promover o despertar da consciência. Se aspiramos a um mundo melhor, urge que nossa espiritualidade vá além da mera percepção do que precisa ser feito. Temos que tomar uma atitude em relação ao que está faltando. Temos que nos erguer e nos manifestar, em alto e bom som, mesmo que sejamos uma voz solitária, uma voz que os outros ignoram – ou, ainda pior, da qual riem.

É quando somos sustentados pela força da nossa fé e norteados pela visão que ela nos descortina que convidamos os conscienciosos a enxergarem o que enxergamos, a entrarem em sintonia, a começarem a levedar um novo modo de viver. Começamos a liderar e também a observar. Começamos a assumir a responsabilidade de tornar a Palavra de Deus viva novamente, aqui e agora.

Então sabemos que não há como simplesmente reduzir a mensagem sobre justiça, equidade, ou políticas discriminatórias, a um bilhete colocado sob a porta do presidente. Não! O estofo da profecia é muito mais rigoroso do que isso. Trata-se de esquadrinhar o presente à luz do futuro. Trata-se de perceber o que está obstruindo o alvorecer da plenitude. Proclamar uma palavra profética é encarar a oposição com sinceridade e honestidade a fim de apresentar, para consideração, outra maneira de ser um ser humano mais humano.

Por conseguinte, o problema é descobrir como liderar um grupo que não deseja ser liderado. A resposta a tal indagação consiste em transmitir a mensagem com tanta clareza e imparcialidade quanto somos capazes; e nos recusarmos a sair de cena.

Martin Luther King Jr. permaneceu fiel ao seu ideário a despeito dos espancamentos, prisões e morte.

Wangari Maathai abraçou árvores por 34 anos, sendo perseguida por desordeiros e ridicularizada de um extremo a outro do globo.

O ato profético de abraçar árvores converteu-se em argumento irrefutável à medida que uma floresta vivificante atrás da outra ia sendo devastada, visando lucros imediatos e prejudicando o seu crescimento futuro.

Nelson Mandela manteve-se firme em seu testemunho durante 27 anos e, embora silenciada por anos a fio, sua voz ressoava cada vez mais alto.

Dorothy Day lançou advertências sobre a guerra, bradou apelos à paz e expôs os sofrimentos dos pobres numa das maiores cidades do mundo. Entrincheirada, em meio à turbulência urbana, a sua luz refulgia sempre mais e mais.

Helen Prejean tem acompanhado os condenados, do corredor da morte à cadeira elétrica ou à câmara de gás, há anos. Entretanto, entre esses dois momentos, vem preparando o caminho para que outros possam levar adiante o seu ministério.

O profeta simplesmente se recusa a desistir. O profeta nunca desaparece. Jamais. A voz do profeta – silenciosa ou assertiva – tem a vida eterna concedida por um Deus eterno.

O profeta não é um gerente de empresa, ou um comandante das forças armadas; o profeta lidera a mais humana das almas humanas. É uma liderança que reverbera liberdade e tradição. Seus exércitos são os pequenos grupos de profetas em toda parte. Seu estilo de liderança não é militar, não são emitidas ordens inegociáveis. Seu papel como líder não é quixotesco, mas um chamamento firme e sério aos justos, não aos imprudentes.

A liderança profética jaz na visão de bondade que é colocada diante de nós. Desafia-nos a comparar a vida que vivemos, e os sonhos que acalentamos, com o compromisso de "liberdade e justiça para todos" do qual falamos. A liderança profética exalta a paz e a igualdade. Anda por onde andam as pessoas, carregando os seus filhos e os seus fardos, os seus medos e a sua fé diretamente até a boca escancarada de um dragão denominado lucro e exploração, escravidão e sexismo, poder para poucos e submissão para muitos. A liderança profética desperta as pessoas, levando-as a ter novamente esperança, a acreditar novamente, a recomeçar a recriar o mundo.

A liderança do profeta é destemida porque está enraizada na crença de que a vontade de Deus será feita. Finalmente, certamente, fielmente e amorosamente.

Moisés levou 40 anos para encontrar uma saída do primeiro deserto de opressão, todavia a visão daquela libertação perdura até hoje. Nossos desertos não são agora menos vastos, menos extensos, nem menos difíceis de atravessar. Tampouco é um passe de mágica, ou dinheiro, que nos permitirá transpô-los. Não, a única arma do profeta é visão e voz, tempo e atemporalidade. O profeta vem para ficar até que o último dos famintos seja alimentado, até que os pobres tenham moradia decente e as crianças um futuro pelo qual viver. Então o Reino de Deus desponta no horizonte, só esperando o momento de se tornar uma realidade em nós. E o mais importante de tudo é que somos nós mesmos que clamamos por Ele. Existe obra maior, ou mais nobre, que o ser humano possa realizar? O que, mais manifestadamente cristão, pode um cristão ser?

Reflexão

"Não é possível ter ordem social sem santos, místicos e profetas", diz Thomas Merton. O convite a cada um deles também é estendido a você, gratuitamente – e está apenas à espera que você o reivindique. Somente a falta de fé pode nos deter agora.

Como é que gente como nós, simples, invisível, destituída de poder, é capaz de assumir uma tarefa de tal magnitude? Fácil.

Nossa tarefa consiste em mudar as opiniões daqueles cujas vidas têm sido silenciosamente devotadas à angariação de lucro e poder, e não às pessoas que viabilizaram o seu *status* e riqueza.

Não é maravilhoso que duas das plantas mais sagradas e simbólicas, a oliveira e a videira, vivem de quase nada – um chão de pedra calcária, sol e chuva.

JANET ERSKINE STUART

16
CONFIANÇA

Moisés foi um profeta relutante. Profundamente consciente, em seu coração, da necessidade de confrontar a brutalidade do faraó no Egito, ouve o chamado de Deus, que lhe diz:

– Escutei o clamor do meu povo e estou enviando você ao faraó para tirar do Egito o meu povo.

Porém as Escrituras nos falam que Moisés "teve medo" de olhar para Deus.

– Quem sou eu – argumenta o profeta –, para apresentar-me ao faraó?

– Eu estarei com você – Deus o assegura –, e esta será a prova que sou eu quem o envia.

Moisés, no entanto, objeta.

– E se eles não quiserem me ouvir?

Deus então lhe mostra como irá salvá-lo, caso o faraó se aferre à obstinação. Moisés, contudo, não é nenhum tolo e insiste.

– Ó Senhor, nunca tive facilidade para falar. Sou gago. Peço-lhe que envie outra pessoa!

As Escrituras nos contam que Deus se irritou com Moisés, mas que lhe deu como assistente seu irmão, Aarão, em razão da grande habilidade deste para falar em público. A percepção do desaponto de Deus com a relutância de Moisés é um aviso que deve ser levado a sério.

A história de Moisés revela-se um estudo fascinante. Deixa-nos claro que às vezes custamos a encarar o fato de que algo precisa ser feito e que cabe a nós fazê-lo. Moisés duvidou de que Deus estivesse com ele? Não. Acaso duvidou de que a libertação do povo judeu fosse vontade de Deus? Não. Moisés acredita tanto na voz quanto na visão. Tampouco as questiona. Porém o profeta nos aponta um aspecto muito importante de nossas próprias vidas. À medida que crescemos, descobrimos que falta de fé em Deus e falta de autoconfiança não são a mesma coisa, embora possam ser igualmente danosas. De fato, a falta de autoconfiança pode ser ainda pior.

Falta de fé na presença de um Deus invisível num momento difícil pelo menos faz sentido. A falta de confiança na força que me foi atribuída é muito mais grave do que eu duvidar do que acredito que acontecerá quando ainda não há nenhum sinal no horizonte. Negar habilidades que me foram dadas – raciocínio, *insight*, sabedoria, reflexão, entendimento, explanação, persuasão – é, essencialmente, um pecado contra a criação, que avilta a virtude da humildade, reduzindo-a a uma espécie de autoconhecimento degradado. A falta de autoconfiança priva a comunidade humana dos próprios dons que me foram gratuitamente concedidos em prol do bem comum. E pior, nega à vida o empenho necessário para tornar tais dons reais. Possuir dons nada significa se não os usamos. Louvar o Criador por semear o universo com esses dons é um louvor falso se nós mesmos fracassamos em usá-los em toda a sua magnitude. É um pecado contra a criação.

O mais pernicioso é que esse tipo de inutilidade piedosa tende a obstruir a iniciativa profética. E como Moisés logo descobriu, isto não agrada a Deus!

O argumento, "Ó Senhor, eu não sou digno", leva a uma distorção do próprio processo do profetismo. Alega incapacidade quando o talento jaz adormecido e não posto em prática. Poupa a alma da bênção do fracasso ao nunca se dar ao trabalho de entrar na briga. Contesta o fato de que qualquer que seja o talento – *insight*, visão, fortaleza, verdade – que Deus nos atribui, ele os sustenta em nós.

As consequências de uma atitude assim afetam muito mais do que apenas as pessoas que decidem se apartar das carências humanas em razão de sua dita incapacidade. Essa espécie de atitude pode trazer na sua esteira seis outros demônios – perfeccionismo, falsa humildade, suscetibilidade, medo, ansiedade e raiva – que se infiltram num grupo em que os corações estão totalmente engajados, não obstante quão simples sejam os seus recursos. Lidar com esses subprodutos do medo humano pode chegar a afetar o próprio projeto.

O perfeccionismo, a necessidade de fazer tudo com o mais alto grau de profissionalismo, no estilo eficiente do mundo dos negócios, arrasa cada uma de nossas tentativas de melhorar uma situação ruim, incutindo uma sensação de fracasso naqueles cuja sinceridade é, por si só, a maior de todas as premissas para o sucesso. Ao invés disso, mais esforços são vetados onde o perfeccionismo está de prontidão para criticar, interromper, refazer e modificar, não só inviabilizando o início de qualquer coisa como minimizando a possibilidade de sucesso.

Uma sensação de inutilidade permeia todo o movimento. Por que fazer isso? Quem se importa? De que adianta? Odes de angústia infectam todo o empreendimento antes que este tenha chance de alcançar seu crescendo. Vomita insegurança; desencoraja quaisquer tentativas de uma comunicação verdadeira com os faraós do mundo. Mina a energia necessária para fazer a diferença no que quer que seja.

A suscetibilidade ao criticismo invade o grupo. É melhor ficar quieto e apenas deixar as coisas acontecerem do que tentar ampliar um projeto, ou aprimorar um relatório, ou suscitar um debate público em benefício da mudança. A ausência de toda a pluralidade de dons, em sua plenitude, desacelera o projeto inteiro. Há sempre a impressão de que algo está errado, de que algo está faltando – e com esse tipo de dúvida, o entusiasmo pela mensagem esvanece. As pessoas começam a se afastar. O grupo deixa de ser uma equipe.

O medo e a ansiedade acabam se tornando a atmosfera subjacente da empreitada, quando esta deveria ser marcada por um comprometimento cabal com cada pequeno passo ao longo do percurso. A falta de uma confiança realista na meta, no propósito, no valor do empreendimento, nos nossos simples esforços de participar do debate público, está sempre à espreita. Ao invés de soar como o canto dos mártires, enquanto marchavam para o Coliseu, essa grande aventura no processo da nova criação se converte numa provação, num fardo, numa desgraça, num fracasso indubitável.

Então a raiva domina a cena. Raiva mútua devido a ideias inaceitáveis, medidas anuladas, tempo desperdiçado, falta de apoio da comunidade. E, sob tudo isso, a raiva de si mesmo por se envolver num projeto agora aparentemente sem rumo e sem prumo. A consciência da liberação resultante de ser parte de uma ideia maior do que o próprio eu turva-se. Há raiva e tensão e ressentimento e medo, medo, medo. Medo de quem não irá gostar de nós por fazermos uma determinada coisa. Medo de sermos rotulados como integrantes de um determinado movimento. Medo de perder, como se perda não fosse meramente uma outra contribuição para conscientizar o mundo das forças alinhadas contra os pobres, os marginalizados, os diferentes.

É hora de entender, juntamente com Moisés, que o Deus que nos chama à nossa responsabilidade pelo mundo também estará conosco à medida que assumimos o nosso papel. Sim, esse mesmo Deus nos enviará a ajuda de que carecemos, porém, mais do que isto, a fé nesse Deus aplainará os caminhos difíceis. Porque onde há fé, a esperança pode correr solta.

Assim viremos a compreender que, no final das contas, até os nossos fracassos estarão direcionados para o sucesso. Acaso foram um fracasso todos aqueles anos em que vozes indígenas, negras, femininas – quaisquer que fossem os marginalizados – martelaram em nossa consciência que a opressão é um padrão, não um erro isolado? Fracassaram cada um dos movimentos, em que tantos protestaram sem sucesso, quando o resultado final foi nos despertar, a todos nós, para a injustiça? Suas mortes, seu sofrimento, nada significaram se, ao longo dos anos, seus gritos uníssonos nos suplicaram, "Chega", até que, enfim, conseguimos responder-lhes?

Acima de tudo, o desejo de agradar terceiros some quando a argumentação digna desaparece. Sabemos quem somos e por que fazemos o que fazemos. E não há dúvida ou culpa capazes de deterem nossa jornada rumo à justiça. A despeito de quem possa não gostar. A despeito de quem tente nos impedir de falar aberta e repetidamente.

Então, como Moisés, chega a nossa hora e estamos prontos para ser um participante jubiloso da lenta ascensão da humanidade à plenitude de si mesma.

Reflexão

Há um momento, na vida do profeta relutante, em que também começamos a entender o que Leonardo da Vinci quis dizer ao nos alertar: "Nada fortalece mais a autoridade do que o silêncio". Então o nosso silêncio hesitante finda e o espírito profético em nós se alteia. Como foi destinado a acontecer desde sempre. E é este o momento em que nos tornamos livres. Nós nos desvencilhamos de quaisquer cadeias que pretendam nos controlar, seja aprovação pública, dúvida, sentimentos de futilidade. Por fim sabemos, realmente, que Deus está conosco, e que Deus nos basta.

Não podemos ter medo de mudanças... Agarrar-se a algo que é bom para você agora pode ser a própria razão de você não ter alguma coisa melhor.

C. Joy Bell

17
TRADIÇÃO

"Impaciência", escreveu Voltaire, "é a marca da independência, não da escravidão". A impaciência desperta a alma para a ação. Leva-nos a encarar a vida com um olhar inquieto e desejar torná-la melhor. É o primeiro passo rumo à independência da alma. É a impaciência que nos trai. Começamos a expor o lado oculto do nosso coração, o que realmente pensamos, o que realmente queremos, o que realmente pretendemos realizar.

Aí, então, surge o problema. Logo o *status quo* já não nos basta. Logo a questão do controle de armas, a cultura do assédio sexual, o tipo de assistência social prestada aos que executam um trabalho servil, as disparidades acadêmicas num país que exige educação compulsória, todas as formas de desigualdade – passam a inflamar nossa alma e ampliar nossa visão do mundo. Até que, por fim, divisamos um mundo melhor e nos comprometemos a buscá-lo. Sentimos em nós um clamor mais forte do que o mero fazer mais do mesmo. Temos um vislumbre do que há por trás do véu do rigor social. É o que acontece com qualquer adolescente, visto ser parte do processo de crescimento. E é algo igualmente provável de ocorrer no processo de amadurecimento espiritual. A isto denominamos crescimento, *insight* e sabedoria. Entretanto, numa determinada altura, apesar de quão enraizados estejamos na tradição em que fomos criados, a própria tradição principia a subsistir em nós de maneiras novas e diferentes. Tão logo nos damos conta da profundidade e amplitude da história da tradição, percebemos quais de seus elementos se acham hoje ausentes.

Com o tempo, toda tradição se desidrata, resseca e se institucionaliza. O que fora antes arrebatador e novo, transforma-se em rotineiro. O melhor de suas contribuições para a sociedade é tido como garantido. Assim, por mais vibrante que algo possa ter sido, percebemos que o que outrora fora profético, converteu-se em apenas mais do mesmo.

Muito do que é novo e necessário na sociedade está sendo ignorado, todavia, em nome de um carisma há muito consumado, seguimos adiante fazendo mais do mesmo. Ao longo dos séculos, as pessoas que se organizavam em grupos para ensinar estrangeiros iletrados – os destituídos de uma comunidade, cujo analfabetismo condenava-os à indigência – mudaram ou morreram, mas não fracassaram. Pelo contrário. Aqueles estrangeiros se integraram à sociedade e já não são forasteiros. O sucesso de tais projetos se tornou comum. Ironicamente, é esse sucesso que agora ameaça os mesmos projetos com o fantasma da irrelevância. Somente o profeta, que se ergue clamando, em alta voz, para que os antigos projetos voltem a ser postos em prática, pode salvar a missão, mudando o ministério. Nesse ínterim, os atuais estrangeiros – adultos desabrigados, crianças abandonadas, refugiados de origem suspeita à procura de comida, casa e trabalho – consomem-se nas barracas, em campos de refugiados.

Mas é exatamente quando a tradição profética renasce e amadurece em nós. É quando o profético entra em cena. Deixamos de olhar o mundo através dos filtros do século passado e começamos a enxergá-lo através do primeiro século da tradição. Começamos a enxergar a tradição sob a ótica do Evangelho, que a alicerça, e o mundo que dela precisa tão desesperadamente, embora de formas novas e significativas.

Começamos a entender a visão que impeliu os profetas que nos antecederam a abdicarem de um futuro convencional, a arriscarem a jornada de fé para que outros também pudessem viver. Agora somos capazes de perceber o que incitou sua impaciência de dar ao mundo dons que o mundo jamais havia sonhado advir.

Neste ponto, por fim, emerge a indagação, em alto e bom som: o que não estamos fazendo, hoje, que a tradição, o carisma, o chamado inicial de Jesus para segui-lo, realmente exige que façamos? Porém, acredite, é nesse instante que a resistência se instala.

O profeta ama a tradição. Todavia, ele agora enxerga as demandas da tradição de perspectivas novas e exigentes. E, assim como aconteceu com os profetas bíblicos, ao advento da visão está atrelado um ônus. Irônica, e quase invariavelmente, é essa mesma instituição – que o profeta ama tanto a ponto de querer vê-la sempre pondo em prática a própria mensagem, mas de modo diferente – que rejeita o clamor por novos questionamentos, o potencial para uma visão mais abrangente. Essa mesma instituição corta o ímpeto. Silencia-o. Bane-o. Abole-o.

Quantas Igrejas, países, governos, organizações, se dividem em face de um chamado à mudança? Bispos se recusam a abençoar obras inovadoras. Padres mantêm oradores arrojados longe de seus púlpitos. Delegações da Igreja, conselhos e comitês ignoram, por completo, os problemas das paróquias em declínio, as novas carências e até a discussão de novas ideias.

Nada poderia ser mais penoso, mais provável de partir o coração do profeta, mais provável de distorcer o âmago da profecia, do que estar separado do barro que moldava a própria profecia. O profeta que fracassa em perseverar, não obstante a desaprovação da instituição, renuncia ao momento profético.

Como e por que tal poderia acontecer? A resposta em si é dolorosa. Acontece porque a escolha é, agora, entre a necessidade humana de segurança e a consciência do imperativo divino na vida. A necessidade de ser quem eu sei que sou é essencial ao desenvolvimento humano. Ao optar por um tipo de aprovação e inclusão que exigem o amortecimento da mensagem, a vocação do mensageiro morre anonimamente. E, com isso, se esvai o pleno desenvolvimento espiritual do profeta. A rejeição é a punição final, pois corta pela raiz o direito inato do profeta. A identidade se transmuta numa questão básica. Quem sou eu se o que me chamou, me ungiu e me enviou já não é mais o objetivo e a medida da minha existência? Quem sou eu então?

A perda da comunidade, de algum lugar para onde ir, de algum lugar para chamar de lar, deixa o profeta à deriva. Mina a segurança. Drena o cerne do propósito. Encontrar o lugar onde alguém saiba quem eu sou, e do que estou falando, e porque estou dizendo o que estou dizendo, torna-se primordial. Ter que buscar uma comunidade fora do que sempre conheci como comunidade é, também, uma condição condenatória.

A falta de entendimento em relação ao chamado transpassa o coração. Há quem o considere orgulho. Outros, arrogância. Poucos compreendem que se trata de um chamado criado pela tradição e, portanto, impulsionado pela própria tradição. O profeta se converte num povo do eu sozinho. A isso os *amish* denominam ostracismo; as Igrejas, excomunhão; os templos, secularização. E, em todos os cantos, o alicerce o enfraquece. Grupos proféticos notáveis, altamente respeitados e longamente bem-sucedidos, implodem sob o peso de tentar decidir se continuam aferrados aos antigos objetivos ou se perseguem os novos, tão obviamente negligenciados. Não há como negar a dor ou a mágoa, a raiva e a tristeza causadas pela situação. Não há cura para essa rejeição.

Todavia, embutido na vida desses profetas e salmistas, encontra-se um bálsamo. As Escrituras estão cheias de histórias desses visionários cuja visão era a própria razão de seu enjeitamento. Nessas histórias, os sentimentos de perda e fé, de dor e doação, são ratificados. Nessas histórias, podemos ver a vontade de Deus levada à plenitude, ainda que não seja durante a vida do profeta que a anunciou.

O profeta deve rejeitar as rejeições. Deve permanecer presente no sistema enquanto esse sistema, ao começar a enxergar uma nova maneira de cumprir a promessa de ser fiel, atinge um novo nível de profundidade, de argamassa, para o próprio crescimento. Diz-se que o carisma é livre para crescer em muitas direções. Quanto mais, melhor. Então os visionários, das mais diversas perspectivas, podem se engajar, juntos, na grande obra de redimir o tempo.

É importante descobrir modelos vivos de rejeição a fim de saber superá-la. "Se você quiser exalar um aroma suave", nos ensina o sufi, "fique perto do vendedor de perfumes". Os modelos, os ícones do carisma – tanto pregressos quanto contemporâneos – nos deixam o rastro necessário para percorrermos um caminho solitário. Thomas Merton viu-se rejeitado até por muitos de seus irmãos monges. Dorothy Day foi desprezada pelos bispos sem que desistisse de lançar luz nos recantos sombrios da pobreza. Por apoiarem as argumentações femininas, em favor da ordenação de mulheres pela Igreja Católica, teólogos homens, como Roy Bourgeois, foram impedidos de lecionar em instituições eclesiásticas. A freira Theresa Kane exortou o papado a abrir ministérios para as mulheres e acabou censurada. Porém todos eles continuaram ocupando a liderança de outras formas. É este o paradoxo da profecia: aquilo que nos chama à inovação também nos concede um senso de limites que marca a distância entre rebelião e profecia. E são esses limites que confirmam a nossa posição.

Por fim, é importante estar em contato com aqueles que partilham da nossa visão de mundo – não só para apoio, é claro, mas para orientação e informação. Trata-se de uma longa jornada para um novo lugar de esperança. É preciso iniciativa, criatividade e persistência para percorrer todo o trajeto sozinho. A despeito de tudo, nossos companheiros fazem da jornada mais uma aventura do que um erro. Estar a caminho de uma nova terra em nome do Deus de Abraão e Moisés, de Maria e José, confere um novo significado à vida. Sem dúvida nenhuma, siga em frente.

Apenas lembre-se, enquanto caminha, que, em seu coração, você já avistou a Terra Prometida. Saiba que você, também, é guiado pelo carisma para encontrá-la. Compreenda, então, que qualquer que seja o custo, a dor do percurso vale a pena.

Esse grande momento de rejeição acontece por uma razão. Às vezes é para enviar você por um caminho que não seria o de sua escolha, porém sem o qual você jamais completaria a empreitada. E, mesmo que não seja por isso, esta é uma oportunidade de evoluir para além do seu antigo eu. Não há nada senão crescimento, *insight* e sabedoria nesta estrada. Não tenha medo.

Reflexão

"Onde não há profetas", afirma o apologista cristão Alan Richardson, "não pode haver nenhuma revelação especial". Lembre-se sempre de que o foco é a revelação, não a sua própria pessoa, não a preservação da instituição, não o passado. É a revelação que busca renascer em você, renovar-se por seu intermédio – e é por ela que você continua em frente. Então a vida será eternamente plena, ainda que diferente, e carregará consigo a lembrança do Jesus que curou a filha do soldado romano e foi condenado por andar com os párias da sociedade. Melhor isso do que receber aprovação pública por se recusar a acolher a voz do Espírito no mundo.

Precisamos ter a coragem de deixar o passado para trás se quisermos alcançar o futuro.

DAVID DENOTARIS

18
PROFETAS DE ONTEM E DE HOJE

Charles Spurgeon escreveu: "Às vezes somos todos profetas inconscientes". Sim, é um pensamento encantador, intrigante, contudo, francamente, vago demais para ser um conceito imbuído de exigência. O mundo não pode arcar com "profetas inconscientes" por muito mais tempo. Pelo contrário. Precisamos decidir em quais áreas de mudança queremos nos concentrar e atuar. Estamos aqui para ser mensageiros de Deus. Estamos aqui para ser um leme no navio da vida. Somos destinados a ser arautos e vigias, amantes e seguidores do Jesus que exortou todo o Israel a lembrar-se dos pobres, salvar as mulheres, abraçar os marginalizados, conviver em harmonia com os estrangeiros e praticar a Lei no âmbito da compaixão. Esse é um chamado por demais elevado, por demais exigente, por demais perigoso. Todavia, sem ele, jamais chegaremos à plenitude de nós mesmos.

A menos, e até que acolhamos o chamado do profeta, podemos ser ótimos cuidadores, dedicados estudiosos, peregrinos sinceros e excelentes pessoas – entretanto nunca seres totalmente *"espirituais"*. Seremos amados, admirados, respeitados e – estaremos seguros. Mas verdadeiramente espiritualizados? Não por completo.

Eis a questão: estamos dispostos a nos arriscar para obter o respeito de quem? Gostaríamos de ser encontrados junto dos que promovem a paz, das mulheres sozinhas, dos discriminados, dos imigrantes, dos pensadores e dos catalisadores de mudanças numa sociedade em que os CEOs das empresas enriquecem dia após dia; enquanto a classe média desaparece e os pobres ficam mais desamparados a cada hora que passa?

Será que alguém, apenas olhando o que fazemos, ainda consegue saber de que lado estamos? E como nossas ações iriam prová-lo?

Na realidade, cada geração e cada segmento da sociedade têm seus profetas. Essas pessoas, contamos com orgulho, foram os construtores e os reveladores da verdade, que expuseram a corrupção e trabalharam ombro a ombro com os subjugados. Foram os missionários e os pioneiros santos, líderes espirituais e protetores dos oprimidos. Por causa dessas pessoas, toda a sociedade, no final das contas, achava-se melhor – não obstante quanta resistência enfrentada no início de seus projetos, pequenos e locais, de paz, justiça e igualdade. Essas pessoas se embrenharam na vastidão para alcançar regiões remotas e comunidades ainda desassistidas. Escalaram montanhas para chegar aos vales e aos camponeses ali confinados. Deixaram a Europa para seguir hordas de imigrantes até terras que nenhum deles conhecia.

Essas pessoas construíram uma nova Igreja num mundo novo, criaram serviços assistenciais em todo canto para atender os mais pobres entre os pobres e tornaram-se a voz das massas. Foram os profetas de seu tempo. Estiveram em todos os lugares, fizeram tudo o que precisava ser feito. E o fizeram em troca de pouquíssima remuneração e sem nenhuma garantia de sucesso, a despeito de como isso pudesse parecer num mundo informe.

Essas eram ações proféticas nunca vistas antes daquele tempo.

Mas agora tudo mudou. Numa sociedade altamente institucionalizada, as instituições são largamente controladas pelo Estado, sejam elas quais forem e seja lá quem as esteja gerindo. Assim sendo, onde está a dimensão profética da sociedade hoje? Quem precisa dela? Que mensagem apregoa? E, sobretudo, no interesse de quem o profetismo opera?

Em meados do século XX, uma multidão de pessoas religiosas começou a atuar nas mais diversas áreas: setores do serviço público, sopões, grupos promotores da paz, unidades habitacionais para idosos carentes, creches, programas educacionais para adultos nas periferias, serviços jurídicos para os pobres, programas internacionais de direitos humanos, unidades médicas móveis. Ouvir as necessidades do mundo, criticar os sistemas e lideranças que as controlavam, ser a voz dos que não tinham voz converteu-se, hoje, num chamado verdadeiramente profético.

Então uma onda ainda mais surpreendente emergiu na sociedade. Uma enxurrada de discípulos leigos – como fora comum nas congregações protestantes anteriormente – também abraçou a causa. E mais impactante ainda, grupos inter-religiosos passaram a ter um papel crucial frente ao fluxo de imigrantes e refugiados que se deslocavam de um lado para o outro do globo num número maior do que o jamais registrado em qualquer momento anterior da história. Grupos de ecologistas manifestaram-se para salvar o planeta. Grupos promotores da paz dedicaram-se a ensinar táticas de resistência não violenta em oposição a todo tipo de guerrilha e atividades terroristas no mundo.

Os profetas de hoje – religiosos ou leigos, atuando sozinhos ou em equipes mistas – se dispuseram a abrir pequenos escritórios para defender os direitos e os interesses dos marginalizados. E, principalmente, adentraram em outras instituições também.

A conclusão pareceu óbvia. Profecia não se identifica com prédios e ministérios institucionalizados. Ambos podem brotar de um chamado profético, porém, o trabalho em si não é nenhum substituto da profecia num mundo decadente. A profecia é sobre ser uma voz clara a respeito de uma determinada carência. É sobre identificar as forças nebulosas do horizonte humano.

Associações de pessoas – seja a coletividade ou indivíduos engajados – que se comprometem em dar especial atenção a questões específicas – ecologia, a situação das mulheres, falta de moradia, aculturação de refugiados – portanto, a quaisquer clamores por justiça e pedidos de ajuda que visam o bem de todos e não apenas de alguns – são proféticos.

Grupos de discípulos que falam, em uníssono, sobre assuntos que consideram importantes – hospitalidade e moradia, educação e ascensão das mulheres, tratamento igual para os homens independente de sua cor, assistência aos destituídos, promoção da paz, reabilitação dos encarcerados – são o novo bando de profetas. Estão vinculados às mesmas questões e entre si – comunitária ou tecnologicamente. São os novos mensageiros da Palavra de Deus para todos nós.

Todos esses graves problemas globais precisam, hoje, do poder dos números – um compromisso corporativo – para fazer com que o mundo se conscientize do que está faltando. Precisam da clareza de foco que se recusa a deixar a ideia se distanciar da consciência de políticos, benfeitores, administradores, diretores, polícia, todos estes necessários para proporcionar um apoio especial aos membros mais fracos da sociedade. Precisam do seu nome e do meu, da sua voz e da minha, do seu cuidado e do meu, do seu empenho e do meu.

Desta vez, a diferença é que somos todos livres para sermos profetas públicos – leigos e religiosos juntos. Mais ainda, podemos estar todos onde os problemas estão, sem o peso adicional de manter instalações caras e atender somente segmentos específicos da população. Juntos, de maneiras novas e efetivas, os profetas de hoje seguem chacoalhando, movendo e mudando o mundo. Só que, desta vez, de um jeito diferente. Eles não estão carregando consigo bagagem desnecessária.

Bertrand Russell escreveu: "Ordem, unidade e continuidade são invenções humanas". E tinha razão. Não há dúvida de que podemos reinventá-las. A identificação das preocupações comuns, presentes nos temas históricos das Bem-aventuranças, a própria constituição do cristianismo por Jesus – centrados neste nosso tempo e em nossa era – não só conferem ordem à nossa vida como, principalmente, imbuem de volume nossas pequenas vozes. E, o melhor de tudo, moldam a garantia da continuidade de uma época para outra.

Uma vida espiritual profética não requer uma empresa ou um *campus*, prédios enormes ou instalações espaçosas para mudar o mundo. Hoje, o chamado é para que uma voz alta, nítida e comum, desafie a opressão e discriminação de qualquer tipo. Uma voz que denuncie a injustiça e a invisibilidade de qualquer espécie. Uma voz que ampare, grupo após grupo, perante o racismo e preconceito virulentos surgidos com o movimento de populações inteiras num planeta árido, ressecado, economicamente escravizado e em guerra. É essa a nova voz profética pela qual o mundo está à espera. São as vozes de Amós e Oseias, de Isaías e Miqueias, de Jeremias, Ezequiel – e agora a sua – aquelas necessárias para mudar o mundo.

Reflexão

O que faz um profeta? Um profeta clama, clama, clama. Sem medo. Sem se preocupar com o ônus. Sem cessar. Querido profeta, pelo bem das crianças, pelo bem do mundo, pelo bem do Evangelho, Clame.

Não seja um sussurro perdido no vento; seja uma voz ouvida acima das tempestades da vida.

Maimônides

AGRADECIMENTOS

A hora é agora é um derivado dos anos num mosteiro, imersa nas Escrituras. Quanto mais eu rezava os salmos de lamentação e ouvia o clamor, as advertências, o grito dos pobres – dos quais os profetas do Testamento Hebraico falavam –, mais compreendia que essas não eram situações novas.

Aqueles profetas falavam de mundos mergulhados em guerras sangrentas. Discutiam os problemas dos pobres: trabalho escravo, salários injustos, longas e extenuantes horas de trabalho, exploração.

Criticavam os sumos sacerdotes e o seu conluio com os ricos, sua cobrança de impostos no Templo, mesmo dos que mal podiam oferecer os sacrifícios que lhes eram exigidos.

Falavam sobre a opressão e injustiça reinante em todo canto. Puniam os que pregavam a religião, mas ignoravam o essencial.

E, enquanto eu recitava as preces, estava também observando os profetas desta era. Eles estavam marchando nas ruas, do lado de fora da capela, pelo fim do horror da guerra; almoçando nos balcões segregados; rezando nos degraus das Igrejas que proibiam meninas coroinhas; abrindo sopões; tirando dos campos os filhos pequenos dos trabalhadores rurais e oferecendo-lhes a oportunidade de participarem do programa Head Start, na esperança de que essas crianças teriam maiores oportunidade de viver uma vida mais digna e decente do que seus pais haviam tido.

Eu reconheci o impacto de todas essas pessoas corajosas e pacientes em minha vida.

E então atinei com o problema: é tão reconfortante seguir Jesus, o Portador da Cura, o Jesus que cura os doentes e multiplica os peixes, que até ressuscitou mulheres – em toda a sua inutilidade – dos mortos. Porém isso é só a metade do que significa fazer a vontade de Deus. Entenda, Jesus, o Portador da Cura, é também Jesus, o Profeta que enfrentou os que detinham o poder no Templo e no trono e que desaprovaram a sua condenação do sistema.

A assim minha esperança para este livro é que possamos, todos nós, perceber o lugar da espiritualidade profética em nossa própria vida espiritual. "Aqueles que não arriscam nada, arriscam muito mais", o provérbio ensina. Arriscam a integridade. A autenticidade. A plenitude da vida.

É evidente tratar-se de uma dimensão importante da nossa vida espiritual. Por conseguinte, sou particularmente grata a todas aquelas pessoas que contribuíram para o lançamento desta obra. As leitoras – Mary Lou Kownacki, OSB; Dra. Gail Freyne; Dra. Kathleen Schatzberg e Susan Doubet, OSB – levaram este trabalho a um outro patamar de comunicação com a alma do mundo como o conhecemos hoje. Com o ardor dos estudiosos e dos santos, elas se debruçaram e pelejaram com cada palavra do manuscrito.

Meu editor, Gary Jansen, emprestou o seu cuidado habitual e o seu olhar crítico à apresentação e ao conteúdo deste livro. Ele o enxerga como uma outra perspectiva da espiritualidade e da responsabilidade moral, conforme são necessárias hoje. Ashley Hong aplicou-se a cada tópico com uma paciência de Jó. É impossível um escritor não ser grato àqueles que dedicaram tanta atenção a um manuscrito quanto ele próprio.

À editora Penguin Random House em geral – a equipe de publicidade, comunicação, arte e *layout* – é sempre intenso, e um prazer, trabalhar com vocês. No final das contas, todo esse pessoal investiu sua própria vida, junto com a minha, neste processo. Jamais poderei lhes agradecer o bastante.

Minha derradeira esperança para este livro é que seja lido em grupos e que desencadeie o mesmo tipo de fogo espiritual provocado em nossa equipe e leitores. Então poderemos todos nós nos tornarmos os moldadores do mundo que desejamos e tão responsáveis pela vida como somos destinados a ser.

SOBRE A AUTORA

Joan Chittister é religiosa beneditina e uma das mais conhecidas e amadas escritoras, além de palestrante internacional e líder influente de nossa era. Irmã Joan tem dedicado sua vida a defender, corajosamente, a justiça, a paz e a igualdade para as mulheres em especial – tanto na Igreja quanto na sociedade. Palestrante e organizadora internacionalmente conhecida, é considerada "um dos mais influentes líderes religiosos e sociais de nosso tempo".

Com mestrado na Universidade Notre Dame, é também Ph.D. em comunicação pela Universidade Penn State, além de ter sido eleita membro da Universidade Cambridge. Durante 12 anos, foi abadessa de sua comunidade, as Irmãs Beneditinas de Erie, na Pensilvânia. Ocupou também a presidência da Leadership Conference of Women Religious e, atualmente, é copresidente da Global Peace Initiative of Women, uma organização parceira da ONU, cujo trabalho visa desenvolver uma rede mundial de mulheres construtoras da paz. Como copresidente desse grupo, Irmã Joan tem promovido reuniões de líderes espirituais por todo o Oriente Médio, Ásia, África, Extremo Oriente e Europa, num esforço de difundir um comprometimento inter-religioso para a construção da paz, igualdade e justiça para todos.

Irmã Joan escreveu mais de 60 livros, entre os quais *Radical Spirit* (2017), *Entre a escuridão e a luz do dia* (Vozes, 2019) e *Following the Path* (2012).

LEIA TAMBÉM:

O livro da felicidade

Joan Chittister

Joan Chittister é beneditina, autora *best-seller* e palestrante conhecida internacionalmente. Já participou de diversos programas, incluindo o da renomada apresentadora americana Oprah Winfrey. É defensora da justiça, da paz e da igualdade, especialmente, para as mulheres do mundo todo, e é uma das mais influentes líderes sociais e religiosas do nosso tempo.

Escreveu vários livros que buscam entender o ser humano em perspectiva existencial e religiosa, com linguagem sempre atual e vivencial. Essa nova obra tem a felicidade como tema central.

Para Chittister, a felicidade não é um derivado da riqueza ou do sucesso, mas uma qualidade pessoal a ser aprendida, regida e destemidamente exercida. Porém muitos, erroneamente, acreditam que a felicidade resulta de ter bastante dinheiro, fama, conforto, sucesso mundano ou até pura sorte.

Ao longo dessas páginas, Chittister desenvolve "uma arqueologia da felicidade" enquanto conduz uma "escavação" através da sociologia, biologia, neurologia, psicologia, filosofia, história e religiões, oferecendo *insights* inspiradores que ajudarão peregrinos de todos os lugares a aprenderem a cultivar a verdadeira e duradoura felicidade dentro de si mesmo.

Joan Chittister é autora também de *Para tudo há um tempo* e *Entre a escuridão e a luz do dia*, ambos publicados pela Editora Vozes.

Esse livro é uma ótima opção de presente para o Natal!!

CULTURAL

Administração
Antropologia
Biografias
Comunicação
Dinâmicas e Jogos
Ecologia e Meio Ambiente
Educação e Pedagogia
Filosofia
História
Letras e Literatura
Obras de referência
Política
Psicologia
Saúde e Nutrição
Serviço Social e Trabalho
Sociologia

CATEQUÉTICO PASTORAL

Catequese
Geral
Crisma
Primeira Eucaristia

Pastoral
Geral
Sacramental
Familiar
Social
Ensino Religioso Escolar

TEOLÓGICO ESPIRITUAL

Biografias
Devocionários
Espiritualidade e Mística
Espiritualidade Mariana
Franciscanismo
Autoconhecimento
Liturgia
Obras de referência
Sagrada Escritura e Livros Apócrifos

Teologia
Bíblica
Histórica
Prática
Sistemática

VOZES NOBILIS

Uma linha editorial especial, com importantes autores, alto valor agregado e qualidade superior.

REVISTAS

Concilium
Estudos Bíblicos
Grande Sinal
REB (Revista Eclesiástica Brasileira)

VOZES DE BOLSO

Obras clássicas de Ciências Humanas em formato de bolso.

PRODUTOS SAZONAIS

Folhinha do Sagrado Coração de Jesus
Calendário de mesa do Sagrado Coração de Jesus
Agenda do Sagrado Coração de Jesus
Almanaque Santo Antônio
Agendinha
Diário Vozes
Meditações para o dia a dia
Encontro diário com Deus
Guia Litúrgico

CADASTRE-SE
www.vozes.com.br

EDITORA VOZES LTDA.
Rua Frei Luís, 100 – Centro – Cep 25689-900 – Petrópolis, RJ
Tel.: (24) 2233-9000 – Fax: (24) 2231-4676 – E-mail: vendas@vozes.com.br

UNIDADES NO BRASIL: Belo Horizonte, MG – Brasília, DF – Campinas, SP – Cuiabá, MT
Curitiba, PR – Fortaleza, CE – Goiânia, GO – Juiz de Fora, MG
Manaus, AM – Petrópolis, RJ – Porto Alegre, RS – Recife, PE – Rio de Janeiro, RJ
Salvador, BA – São Paulo, SP